MEMÓRIAS DE UM SEQÜESTRADO

MEMÓRIAS DE UM SEQÜESTRADO

Jan Philipp Reemtsma

Tradução
KARINA JANNINI

Martins Fontes
São Paulo 1999

Esta obra foi publicada originalmente em alemão com o título
IM KELLER por Hamburger Edition.

1ª edição
agosto de 1999

Tradução
KARINA JANNINI

Preparação do original
Ana Maria de Oliveira Mendes Barbosa
Revisão gráfica
Ana Maria de Oliveira Mendes Barbosa
Maria Cecilia de Moura Madarás
Produção gráfica
Geraldo Alves
Paginação/Fotolitos
Studio 3 Desenvolvimento Editorial (6957-7653)

Dados Internacionais de Catalogação na Publicação (CIP)
(Câmara Brasileira do Livro, SP, Brasil)

Reemtsma, Jan Philipp
Memórias de um seqüestrado / Jan Philipp Reemtsma ; tradução Karina Jannini. – São Paulo : Martins Fontes, 1999.

Título original: Im Keller.
ISBN 85-336-1005-X

1. Reemtsma, Jan Philipp – Seqüestro, 1996 2. Seqüestro – Alemanha – Estudos de casos 3. Vítimas de crimes – Alemanha – Biografia I. Título.

99-0097 CDD-364.154092

Índices para catálogo sistemático:
1. Seqüestrados : Biografia 364.154092

Livraria Martins Fontes Editora Ltda.
Rua Conselheiro Ramalho, 330/340
01325-000 São Paulo SP Brasil
Tel. (011) 239-3677 Fax (011) 3105-6867
e-mail: info@martinsfontes.com
http://www.martinsfontes.com

A todos a quem devemos agradecer

Eu queria mesmo era ter voltado para casa. Meia-noite. Lá estava a floresta onde tinham me largado, depois a aldeia, a primeira casa onde ainda havia luz. Seu morador deixou-me entrar sem mais perguntas, embora eu deva ter-lhe parecido um mendigo bem estranho. Liguei para minha mulher e disse: "Sou eu. Estou livre." Eu queria ter chamado um táxi, ter ido para casa, assim, daquele jeito mesmo. Quarenta e cinco minutos você ainda agüenta firme. E depois aquele momento, trinta e três dias de saudade, embora durante esses dias eu tivesse me proibido de imaginá-lo. Lá estou eu, diante da nossa casa, toco a campainha, minha mulher vem abrir, e agora, agora eu poderia... o quê? Provavelmente chorar, talvez simplesmente desabar, não, isso não, mas me largar com todo o meu peso nos seus braços, não mais carregar sozinho a angústia, e depois (ou antes disso?) abraçá-la, absorver sua angústia... Não, subiríamos ao quarto do nosso filho (ou será que ele me ouviu e já vem descendo a escada?), e ficaríamos os três sentados em sua cama (ou sobre o tapete), bem abraçados.

"Eu... eu vou chamar um táxi e em quarenta e cinco minutos estou aí." Disse alguma coisa do gênero e com isso demonstrei que havia perdido totalmente a noção da realidade nas quatro semanas e meia em que fiquei no porão.

Ela disse que queria vir me buscar e: "Vamos para Nova York." Mas eu queria mesmo era ir para casa. Um rápido momento de desorientação. Então a razão voltou a se estabelecer: não tenho idéia do que está acontecendo aqui fora, não sei de mais nada, ela é que tem de decidir.

Por meia hora fico contando a quem me deu abrigo, não sei em que seqüência, o que me havia acontecido. Em seguida chega a polícia com minha mulher. Não, nada de abraços; primeiro é preciso colocar a roupa num saco plástico para o exame de perícia. Passamos para a sala ao lado. Troco de roupa, percebo novamente como minhas pernas estão tremendo. Então nos abraçamos. Mais tarde, a pessoa que me acolheu naquela noite disse numa entrevista à TV que a sensação que lhe havíamos passado fora de *relief*, alívio, exatamente com esse tom de expiração que a palavra inglesa tem: *relief*. Tinha razão.

Fomos ao hospital de base. Lá, um exame mais ou menos detalhado, feito por uma médica do plantão noturno, que foi acordada quando chegamos e que não tinha sido informada do que se tratava realmente. Acabou sabendo por mim que eu havia sido mantido preso num porão durante semanas e tomou por um sinal de perturbação o fato de eu não saber de pronto a data exata do meu seqüestro (tinha sido no dia 25 ou 27?). Um resquício de insegurança fez com que ela registrasse em seu boletim não saber se era ou não necessário um exame psicológico. E agiu corretamente. Afinal, é muito provável que eu lhe tenha causado uma impressão bem melhor do que o estado em que realmente me encontrava, e bem pior do que pretendia passar.

Eu não sentia os pés firmes no chão, falava rápido, aos tropeções, parecia louco. Queria contar tudo, livrar-me daquilo, poder fazer algo finalmente, dizer alguma coisa, colaborar para que encontrassem quem tinha feito aquilo conosco.

Enquanto isso, meu filho era levado ao hospital de base num carro da polícia. Já teria chegado. Entrou meio hesitante na sala onde eu tinha acabado de ser interrogado pela polícia. Mais tarde, fiquei sabendo que ele não esperava mais me ver vivo. Um abraço, o mais afetuoso possível, tão de pai-e-filho quanto era de esperar. Uma olhada para a minha barba, pois no porão não havia barbeador. Meu filho realmente recebeu de volta um outro pai.

Ducha. Lavar os cabelos. Olhar-se no espelho pela primeira vez depois de quatro semanas e meia. Dividimos um quarto no hospital. Ninguém conseguia dormir. "Quando percebeu que eu tinha sumido?", "O que não deu certo na negociação da libertação?" Um emaranhado de informações, em que a própria lembrança dos trinta e três dias acorrentado num porão ameaça se perder. Nomes que não conheço. Policiais que viveram praticamente o tempo todo em nossa casa, participaram da vida da minha família, acamparam embaixo da mesa, passearam com meu filho, ajudaram minha mulher. Infinita gratidão. No porão, eu nunca poderia imaginar como estaria a situação "em casa", e nem queria. Agora sei que houve gente ajudando. Policiais. Parentes. Amigos. Não ficaram sozinhos.

Não consigo dizer muita coisa. Isso, aquilo. Parece que foi assim. A sucessão dos acontecimentos não passou disso. Para comer? Geralmente sanduíche.

É, mal posso caminhar por causa de uma tendinite nos pés, por ter andado de lá para cá acorrentado. Pois é, e meu polegar direito está completamente insensível devido a uma algema colocada inadequadamente, já há quatro semanas e meia. Não, isso eu não disse à médica. Para quê? Afinal, dos problemas esse é o menor.

Mas por que mesmo estamos indo para Nova York? Se tenho idéia de como estão as coisas lá "em casa"? Até parece que vamos receber a visita da Greta Garbo. As coisas só ficaram claras para mim quando voltamos para casa depois de mais ou menos uma semana, e eu, vacilante, assisti ao vídeo da reportagem de TV. A idéia de que eu poderia voltar de táxi para casa foi absurda, para dizer o mínimo. Ataques de *flashes*, microfones estendidos, algumas perguntas-padrão do tipo "Como está se sentindo, sr. Reemtsma?", "Tem alguma idéia de quem são os criminosos?" e outras, lançadas em voz alta. Assim, não é em casa que se chega, mas à televisão. Tive a possibilidade, a sorte, o dinheiro para poder escapar dela (e um esperto batalhão de câmeras – não sem uma dica premeditada de algum lugar – filmou com teleobjetiva o embarque no avião). Quem não tem tudo isso ainda pode se dar muito mal.

Faz tempo que não falo mais de mim. Jornais do mundo inteiro publicam a foto da jovem belga, Sabine Dardenne, libertada depois de meses como refém, durante os quais foi torturada e filmada. Foi solta, e seu rosto não demonstra nenhum sinal de alívio, apenas horror e desespero. Atrás dela, um policial perplexo que, talvez por acaso, ampara a jovem como se quisesse segurá-la para que ela fique à disposição do fotógrafo.

O fotógrafo não é um acaso. Além do mais, ela também foi filmada *nessa situação.*

A imprensa gosta de falar do direito da opinião pública à informação. Que tipo de informação contém o rosto de uma moça em prantos, desesperada, violentada? E, se fosse realmente uma informação, o que seria o direito a ela diante do direito de Sabine Dardenne de não ser filmada? Certamente trata-se de um caso extremo, mas jornais lidam com casos extremos, é deles que fazem suas tiragens.

Não posso me queixar. No meu caso, a mídia calou-se por quatro semanas. Tempos depois, houve um caso semelhante, com um outro enredo e desfecho. Uma pessoa foi levada para dentro de um cinema e, depois, assassinada. A família foi chantageada durante uma semana inteira pelos assassinos, até a polícia conseguir prendê-los. Nesse caso, o silêncio da imprensa – o que ninguém poderia saber – nada mais podia fazer pela vida do suposto refém, mas talvez tenha sido de grande ajuda para o trabalho da polícia.

Depois de quatro semanas e meia de silêncio, era enorme a necessidade da imprensa de transformar em artigos, transmissões exclusivas, especiais e não sei o que mais as informações que tinha conseguido de mão beijada nesse período – mas com o pedido insistente de publicá-las apenas depois da minha libertação ou da minha morte, em todo caso depois da permissão da polícia. E não só isso: ela queria também entrar na corrida de sempre e levar a público alguma informação que a concorrência não tivesse. Fiquei sabendo pelos jornais que jogo golfe com uma famosa cidadã de Hamburgo que não conheço, apesar de eu nunca ter tido um taco de golfe nas mãos.

De helicópteros foram tiradas fotografias aéreas do nosso terreno. Mais tarde, um fotógrafo me pediu por escrito que eu o deixasse fazer seu trabalho de uma vez por todas, pois já era fim de semana e ele queria visitar a namorada em Itzehoe.

Essas são as brincadeirinhas de mau gosto que acabam fazendo. A sensação que elas provocam é de uma permanente tentativa de invasão. Isso não tem nada a ver com o comportamento do jornalista em si – geralmente são simpáticos, e às vezes tem-se a impressão de que no fundo muitos aspectos da sua profissão até lhes desagradam –, mas apenas com sua presença constante. De uma hora para outra, leva-se uma vida em que essas pessoas adquirem uma importância enorme e precisam ser levadas em conta. São pessoas que não conhecemos, com as quais não temos nenhuma ligação e que só são pagas para ter alguma coisa a ver com alguém. Se não quisermos ser fotografados da janela (e não queremos), será preciso fechar as cortinas. Se quisermos ir à caixa do correio sem dar entrevistas (pois não temos nada a dizer e queremos apenas ir até a caixa do correio), primeiro será preciso mandar alguém ver se a rua está livre; e, se não estiver, teremos de ficar em casa – que aliás não é mais casa, mas um esconderijo que precisamos vedar aos olhares não autorizados.

Em certo momento desisti. Fui informado de que se retirariam caso eu me apresentasse. Fui então para a frente da porta e deixei que eles tirassem suas fotos, sem problemas.

A notícia se espalhou. Poucas horas depois, lá estava outro batalhão de fotógrafos e câmeras, com aquela grande pergunta estampada no rosto: por que não nós? E, na correspondência do dia seguinte, a ameaça de um jornal, que por acaso tinha ficado para trás, de que seria obrigado a tomar medidas drásticas caso não fosse recebido da mesma forma que os outros. O jeito era mesmo esperar, e finalmente o público logo ficou tão saturado das notícias sobre o Reemtsma, que ninguém tinha mais vontade de ouvir falar nele. E havia ainda o caso do transporte dos contêineres de material radioativo e – "Deixem Gorleben* viver!" – a câmera volta-se para a Baixa-Saxônia.

---

* Cidade na Baixa-Saxônia, onde foram enterrados contêineres de lixo nuclear. (N. da T.)

Tudo foi muito maçante, às vezes mais do que isso, mas poderia ter sido pior. Um funcionário de uma revista de informação, ao me abordar (a rua parecia tão inobservada), desculpou-se até pelo incômodo e tornou a se desculpar ainda com mais ênfase quando chamei sua atenção para a reportagem do seu periódico: "Na sua reportagem, mais ou menos uma frase em cada duas corresponde aos fatos!" – "Desculpe, sinto muito mesmo, mas nossa redação não fica em Hamburgo!" Deu certo seguir o conselho do advogado de dar uma longa entrevista a um jornal – que não fizesse parte do cenário jornalístico de Hamburgo e que tivesse fôlego para uma longa conversa (decidimo-nos pelo *Süddeutsche Zeitung*, e nessa decisão escondia-se também um disfarçado obrigado) – e depois referir-se apenas a essa entrevista. O *Süddeutsche* vendeu os direitos de reprodução por toda parte, por isso todo mundo tinha alguma coisa.

As fotos e filmagens que fizeram de mim na frente da minha casa apareciam todos os dias na TV, mesmo que não tivessem nada a ver com as notícias:

"Nenhuma novidade sobre o caso Reemtsma." Foto. "O multimilionário de Hamburgo foi seqüestrado no dia 25/3, diante de sua casa, no bairro de Blankenese, e libertado após o pagamento de trinta milhões de marcos. Suspeita-se que..." E, em seguida, alguma banalidade apresentada num texto tão longo que talvez nem coubesse no filme. Uma das muitas cartas de conselhos que recebi ("O senhor deveria pensar em ter um dobermann no futuro!") referia-se à imprensa: "O senhor não deveria ficar aparecendo constantemente na imprensa. Desse jeito, só o seu rosto vai ficar conhecido e outros criminosos vão querer ir atrás do senhor." Obrigado.

Havia ainda outra foto. Os seqüestradores tiraram-na no porão para onde me levaram. Estou sentado numa cadeira, com o agasalho que me obrigaram a vestir, os olhos fechados. Disposta transversalmente atrás de mim, dá para ver uma mesa com alguns utensílios. Estou segurando o *Bild-Zeitung* do dia 26/3 bem na minha frente, de tal forma que dá até para ler as manchetes e a data. Ao meu lado, a silhueta de um homem que me aponta um fuzil Kalaschnikow. Tudo como uma citação de seqüestros já ocorridos, o Kalaschnikow com o emblema da Facção do Exército Vermelho em primeiro plano na foto. O rosto do fotografado está inchado, sobretudo o nariz; na testa também há um ferimento. Minha mulher não autorizou a utilização da foto. Depois da minha libertação, a polícia pediu permissão para publicá-la com retoques, a fim de ajudar nas buscas. E assim foi publicada com o rosto em branco. Minha mulher queria resguardar um pouco de privacidade em meio aos boatos da imprensa, preservar-me da necessidade de ver meu rosto desfigurado logo na primeira página do jornal.

Essa precaução sensata fracassou logo em seguida. O *Bild-Zeitung* e a *Stern* adquiriram a foto, fornecida de forma ilegal, coloriram onde a qualidade Polaroid lhes parecia insatisfatória e a imprimiram em tamanho ampliado. Curiosamente, não fazia a menor diferença para mim deixar de mostrar meu rosto nos meios de comunicação. Logo eu, que a vida inteira dei importância a isso. Eu mesmo me espantei com essa indiferença. Ela era uma mistura de "Além do mais, agora isso não tem mais importância" e "Em todo caso, este não sou eu mesmo" – o rosto do porão era para mim um documento entre outros. Só que não era verdade. Fui perceber o quanto não o era ao ser convidado pela editora da revista *Stern*, Gruner & Jahr, para fazer uma breve apresentação para a reportagem sobre o meu "caso", na premiação pública de jornalistas. Essa estranha exigência de mais uma exposição de repente me fez perceber, de forma nada agradável, o quanto a primeira também havia sido fatal: apresentar novamente meu rosto à opinião pública do mesmo jeito que os criminosos haviam-no apresentado à minha mulher.

Por que então fazer isso de novo? Por que voltar a mostrar meu rosto com este livro, dessa vez em palavras, espontaneamente? Simplesmente *porque* ele já pertence à opinião pública, porque minha história já circula por toda parte, porque poucas horas após a minha libertação ela já era de domínio público, de forma que não quero voltar a assimilá-la apenas individualmente, mas também *publicamente* (esse é o motivo que me levou a começar a escrever a história logo após a minha libertação).

É uma experiência estranha quando a própria vida se divide em histórias que, adaptadas aos respectivos meios de comunicação, são narradas em público. Não existe *copyright* para a própria vida, mas fica mais fácil conformar-se com toda sorte de apropriação abusiva, quando em algum lugar existe o próprio texto para o qual depois se pode apontar.

Uma reflexão caracterizada de modo totalmente diferente acrescenta-se a isso. Descobri que saber de outros casos de seqüestro serviu-me de ajuda. Saber um pouco como alguém se sente em momentos de medo, solidão, preocupação com os que estão preocupados. Recebi cartas de pessoas que passaram por isso, ou que tiveram parentes que passaram por isso e muitas vezes por coisas até bem piores, e elas eram repletas de palavras de conforto e solidariedade. Foram cartas de pessoas que não conheço, ou, quando muito, conheço apenas de nome, e que me desejaram um bom retorno, transmitindo, ao mesmo tempo, um sentimento de solidariedade especial. Essas correspondências foram uma enorme ajuda para que eu retomasse o ritmo de vida normal. Quando comecei a escrever este livro, observei: vai haver outro seqüestro. Agora, enquanto estas páginas estão indo para a editora, já houve pelo menos quatro seqüestros e tentativas (dois deles com o assassinato dos reféns), que deverão ser classificados como uma sucessão de crimes. Sucessão que meus seqüestradores viram surgir como conseqüência natural do seu próprio crime, e que previram com aquela sensação de orgulho de quem lançou moda. Talvez a leitura deste livro ainda seja útil a alguém.

Eu mesmo fiquei muito tempo sem saber qual o motivo da publicação desta obra.

Ele só se tornou evidente quando precisei responder por que eu tinha *tanta pressa* em publicar este livro, e quando me perguntei por que escrever e fazer o texto circular apenas entre alguns amigos e velhos conhecidos não seria suficiente. A resposta conduz diretamente ao local indicado pelo título: ao porão. Um seqüestro, um período longe de todos os contatos sociais, exceto do contato anti-social com os seqüestradores, é um período de intimidade forçada. Formas de relacionamento se desenvolvem, seja qual for a sua natureza. Aprende-se a conhecer o outro, não a fundo, mas já é alguma coisa. Há empatias (como ele fala, o quanto a situação é séria, o que posso dizer para deixar o ambiente mais descontraído?). Tudo isso dentro de uma extrema desigualdade: poder absoluto do lado de lá, ausência absoluta de poder do lado de cá. Isso não fica para trás, lá no porão. Pois o porão não fica para trás. O porão vai ficar na minha vida, mas daquela intimidade forçada por mim nesse porão, apenas o mínimo possível deve ficar na minha vida. A única forma de lutar contra a intimidade indesejada é compartilhá-la com o público.

Já passei por isso e sei como pode ser tentador envolver-se com histórias que outros escreveram; ler já de forma organizada o que na própria cabeça não passava de um susto em desordem, como na revista *Spiegel*: "A mudança decisiva é preparada por outra pessoa: Jan

Philipp Reemtsma, o próprio seqüestrado. Do cativeiro ele coloca em jogo, por meio de uma carta, dois novos intermediários." Embora isso, como fiquei sabendo, tenha sido pura fantasia do redator.

No decorrer do tempo, fui percebendo como é importante não levar esse tipo de história para dentro da própria história: a verdade eu só dividi com os que fizeram aquilo com minha família e comigo. Perversamente, eu seria o cúmplice deles no que diz respeito à verdade. Como em toda e qualquer intimidade, preciso destruir essa cumplicidade especial, e isso só pode ser feito publicamente. A distância interna – isso eu tive de aprender – não é suficiente.

Para dizer a verdade, no início minha mulher e eu queríamos escrever um livro juntos; não este, um outro. Ele deveria conter as lembranças dela e as minhas daqueles trinta e três dias; nosso filho exporia sua análise retrospectiva desse período em forma de uma conversa, outros participantes também se apresentariam. Embora os trechos principais já estejam escritos, esse livro por enquanto não será publicado. Foram as discussões sobre esse assunto que me esclareceram por que a questão da publicação para mim é diferente do que o é para a minha mulher ou para o meu filho. Enquanto para mim se trata de ver na destruição de uma privacidade imposta a condição prévia para poder encarar um episódio assustador, pelo menos em parte como um pedaço da minha vida e não apenas como uma exterritorialidade errática, para minha família é como recuperar a privacidade destruída naquele período. Durante os meus dias de cativeiro, minha família teve, em certo sentido, a vida revelada ao público. Não propriamente para a imprensa – mesmo que em parte também já tivesse revelada para ela, já que manteve a casa em constante observação –, mas porque a casa foi transformada em central de operação e em sala permanente de conferências.

O que ajudou minha família a... – como é mesmo que se diz?... – a suportar aquele período (Mas o que isso quer dizer? Quando é que realmente se suportou alguma coisa? Quando não?) – tinha também esse inconveniente. Amigos, parentes, advogado, polícia estavam sempre lá. Sem se queixar, durante esse tempo prepararam e direcionaram suas vidas com objetivo de salvar a minha, de ficar ao lado da minha mulher, aconselhando-a e dando-lhe apoio, de distrair meu filho e tornar um pouco mais suportável aquela fase de incertezas que o atormentavam. Para minha mulher, expor esse período foi um passo para a retomada de privacidade, uma tentativa de completar o que foi descrito também por meio daquilo que *in actu* permanece indizível em pensamentos e sentimentos.

E assim voltam a se desfazer ambas as histórias, a externa ao porão e aquela sobre o porão, que na verdade deveriam ter sido reunidas num só livro. Quanto à publicação da outra face dos trinta e três dias do meu seqüestro, ainda não se definiu nada a respeito. Se porventura o "caso" for concluído juridicamente, e com isso a terceira face também ganhar contorno público, pode ser que a perspectiva mude novamente. O tempo, que então já terá passado, fará com que seja mais fácil lidar com o problema, de forma que meu texto diga respeito somente a mim, embora o de minha mulher, com base na situação que descreve, também afete a esfera privada de outras pessoas.

No entanto, preciso dar ao relato que segue algo como uma face externa, que limito a uma descrição progressiva e cronológica, a fim de não prejudicar a unilateralidade conscientemente escolhida da perspectiva.

Sem perder seu sentido, este texto não é capaz de integrar outras perspectivas, nem de apresentar o fato "objetivamente". Seria um outro livro, que não atingiria seu verdadeiro objetivo, mencionado anteriormente.

Na segunda-feira, dia 25 de março de 1996, deixei nossa casa por volta de 20h30 e fui para o escritório – sem o seqüestro, essas indicações já não existiriam. Elas são a caracterização feita pela polícia da forma como vivemos, caracterização que mais tarde foi adotada pela imprensa em todo o país. De fato, nos damos ao luxo de viver em duas casas na mesma rua, uma mais ou menos a cinqüenta metros de distância da outra. Uma contém minha biblioteca e meu escritório particular, a outra, o escritório de minha mulher e o quarto do nosso filho, que um dia decidiu que seu quarto "de verdade" deveria ser nessa segunda casa. Nela havia também uma porção de bichos, três gatos e dois cachorros, de modo que uma das casas tornou-se realmente uma residência, e a outra, um (o meu) escritório, para a qual a família inteira se muda em alguns fins de semana. E assim, depois que a luz do quarto do nosso filho é apagada, é comum eu avisar que vou "para a outra casa" para passar ainda algumas horas sentado à escrivaninha. Naquele dia, queríamos dormir cedo, e só fui ao escritório para buscar um livro (depois fiquei sabendo que minha mulher não ouviu eu avisá-la de que estava indo para lá).

O seqüestro tinha sido planejado há muito tempo – há quanto exatamente, qual o número de envolvidos e cúmplices, isso já não sei. A casa onde o porão se encontrava fora alugada em julho de 1995.

Em algum momento começaram a investigar minhas condições de vida e meus hábitos. Com base no depoimento de uma testemunha, pelo menos um dos seqüestradores assistiu a uma palestra que proferi sobre "Nacional-socialismo e Modernidade", no dia 8 de fevereiro de 1996, em Aachen. Provavelmente o seqüestro deveria ter sido no início de março, só que viajamos por duas semanas, em virtude das férias escolares. Mas mesmo no final de março ainda estava bastante indefinido.

Diante da casa, que mais tarde chamaram de escritório, fui então derrubado, imobilizado, arrastado e levado num automóvel. Minha mulher, a princípio aborrecida, depois preocupada por eu ficar tanto tempo (como ela supôs) no escritório sem ter avisado antes – o que não era um hábito meu –, por volta de meia-noite foi ver o que se passava. Uma estátua que ficava na frente da casa tinha sido derrubada. Sobre um muro havia uma carta de ameaça, com uma granada em cima servindo de peso:

SEQÜESTRAMOS O SR. REEMTSMA!!!
EXIGIMOS UM RESGATE DE 20.000.000 DM
DOS QUAIS 10.000.000
EM FRANCOS SUÍÇOS
RESTO EM MARCOS ALEMÃES 8.000.000
APENAS NOTAS USADAS DE MIL SEM SÉRIE
AO TODO 18.000 NOTAS
SEM MARCAS – QUÍMICAS OU
VISÍVEIS À LUZ INFRAVERMELHA UV

VAMOS TESTÁ-LAS!!!
AS MODALIDADES DE PAGAMENTO SEGUEM COM
A PROVA DE QUE ELE ESTÁ VIVO
O ACIONAMENTO DA IMPRENSA E DA POLÍCIA
SIGNIFICA A MORTE
SE TODAS AS EXIGÊNCIAS FOREM CUMPRIDAS
O SR. REEMTSMA SERÁ LIBERTADO
POR NÓS SEM LESÕES CORPORAIS
48 HORAS APÓS O RECEBIMENTO DO RESGATE
PROVIDENCIE O DINHEIRO E AGUARDE
OUTRAS INSTRUÇÕES

Minha esposa Ann Kathrin Scheerer informou primeiro um amigo nosso de Frankfurt e discutiu a situação com ele. Chegaram à conclusão de que era preciso acionar a polícia. Ele ficou de avisá-la. Kathrin ligou para o advogado Joachim Kersten, também nosso amigo, que veio imediatamente junto com seu sócio Gerhard Johann Schwenn. Kersten quis encarregar-se do fornecimento do dinheiro, Schwenn ofereceu-se para assumir o contato com os seqüestradores.

Logo chega a polícia. Exame de perícia. Pela manhã, às seis e meia, Kathrin conta ao nosso filho Johann o que havia acontecido. Por volta das oito horas, chega o amigo de Frankfurt. Pouco depois, dois "assistentes familiares" da polícia. À tarde o dinheiro já estava disponível. A polícia levanta a questão da aparelhagem. Depois que Kathrin é assegurada de que há uma nova aparelhagem não detectável por leigos, ela consente com o seu uso. Nos nossos dois carros é instalado um GPS (*Global Piloting System*), por meio do qual a polícia pode seguir o trajeto dos carros no caso da entrega do dinheiro. Kathrin assina uma procuração postal para que eventuais cartas de ameaça possam ser interceptadas já no correio central. Nos telefones de ambas as casas são instalados grampos.

Em seguida, além dos dois policiais, ficam morando em casa os dois advogados, o amigo de Frankfurt e alguns parentes – não continuamente, mas todos passam muito tempo lá, vivendo como num *camping*, dividindo preocupações, nervosismo, medo, cuidando do Johann e tentando, da melhor forma possível, distraí-lo, orientá-lo sobre o que fazer, como proceder.

Quarta-feira, 27/3. Chega uma carta dos seqüestradores junto com a foto Polaroid já mencionada.

SE JÁ ESTIVER PRONTA PARA PAGAR
O RESGATE EXIGIDO DE 20.000.000 DM
DOS QUAIS 10.000.000 EM FRANCOS SUÍÇOS
APENAS EM NOTAS DE MIL
(VIDE INFORMAÇÃO NA PORTA DE CASA)
ANUNCIE NO HAMBURGER
MORGENPOST COMO SAUDAÇÕES DE HAMBURGO
COM TÍTULO BOA SORTE ANN KATHRIN
APAREÇA
JUNTO UM NÚMERO DE FAX

Junto com a polícia é redigido um anúncio e transmitido ao *Hamburger Morgenpost*, que a partir de então, a pedido da polícia, deixa em aberto o final da sessão de anúncios para esse tipo de contato. O texto do anúncio diz (com o objetivo de receber mais um outro sinal de vida): "Boa sorte Ann Kathrin/Apareça/Tem certeza de que está tudo bem?/Fax 866-3659."

Quinta-feira, 28/3. O anúncio é publicado de forma ligeiramente alterada: "Boa sorte Ann Kathrin/Apresente-se pessoalmente/866-3659."

Não se sabe por que a polícia mudou o texto ou por que não teve condições de transmiti-lo corretamente. Decisão de continuar colaborando com a polícia. É redigido um outro anúncio, publicado no dia seguinte: "Boa sorte Ann Kathrin/Apareça/Fax 866-3659/Não se preocupem." Chega a segunda carta dos seqüestradores:

A SRA. ACIONOU A POLÍCIA
ISSO FOI UM ERRO
SE QUISER REVER SEU MARIDO VIVO
TRATE DE IMPEDIR TODAS AS BUSCAS
ATÉ A LIBERTAÇÃO
SE ESSE RASTREAMENTO CONTINUAR
VAMOS NOS ISOLAR E
TER DE MANTER SEU MARIDO NESSA
SITUAÇÃO DURANTE SEMANAS
SE A POLÍCIA ACOMPANHAR A ENTREGA DO DINHEIRO
DE ALGUMA FORMA
PROSSEGUIREMOS DE MODO MAIS RIGOROSO
QUEM LEVA A PIOR É SEMPRE SEU MARIDO

A essa carta são anexadas outras duas manuscritas, feitas no porão. (Deixo para citar e comentar os textos das minhas correspondências posteriormente. Eles pouco contribuem para a informação sobre o ocorrido fora do porão.) Discussão sobre quem deveria efetuar a entrega do resgate. É compreensível que nosso filho não queira de jeito nenhum que sua mãe entregue o dinheiro. Ela lhe promete que não o fará sozinha, caso tenha de dirigir o carro.

Sexta-feira, 29/3. Próxima carta dos seqüestradores:

VIMOS O ANÚNCIO
SUPOMOS QUE A SRA. JÁ DISPÕE
DO DINHEIRO CONFORME NOSSA EXIGÊNCIA
E QUE JÁ ESTÁ PRONTA PARA EFETUAR O PAGAMENTO
NÃO HÁ MOTIVO PARA ENTRAR EM
CONTATO PESSOALMENTE
JÁ LHE MANDAMOS PROVAS SUFICIENTES
DE QUE SEU MARIDO ESTÁ BEM
SE SEGUIR EXATAMENTE NOSSAS INSTRUÇÕES
NÃO VAI ACONTECER NADA A
NINGUÉM
QUEREMOS QUE O DINHEIRO SEJA ENTREGUE
APENAS POR ANN KATHRIN SCHEERER

E PESSOALMENTE
UTILIZE PARA ISSO O VOLVO DO SEU
MARIDO
PROVIDENCIE UM PISCA-PISCA LARANJA
QUE DEVE SER INSTALADO SOBRE O TETO
E ACIONADO PELO ACENDEDOR
DE CIGARROS
DEIXE O DINHEIRO NO BANCO DO
PASSAGEIRO
COLOQUE O DINHEIRO NUMA SACOLA DE NÁILON
COM ALÇA
O DINHEIRO NÃO DEVE ESTAR EM MAÇOS
NÃO DEVE CONTER MARCAÇÕES ANTERIORES
NEM DEVE VIR COM EMISSOR DE
SINAIS!!!
A POLÍCIA NÃO DEVE ACOMPANHÁ-LA OU VIGIÁ-LA
NEM À PAISANA NEM VESTIDA DE OUTRA FORMA
SE ALGUM HELICÓPTERO RADIOPATRULHA À PAISANA OU
QUALQUER VEÍCULO DA POLÍCIA SEGUI-LA
SUSPENDEMOS TUDO
IMEDIATAMENTE
É O SEU MARIDO QUE VAI TER DE PAGAR POR
RADIOGONIÔMETROS HELICÓPTEROS
OU MOVIMENTAÇÕES POLICIAIS
ISSO VALE PARA A POLÍCIA: SE DURANTE OU APÓS
O PAGAMENTO FORMOS PERTURBADOS
ABRIMOS FOGO
SEM AVISAR
VAMOS LHE MANDAR UM FAX PELO NÚMERO
866-3659 POUCO ANTES
DO PAGAMENTO
SAIA IMEDIATAMENTE EM SEGUIDA E SIGA
AS INSTRUÇÕES
SE FIZER O QUE QUEREMOS NÃO CORRERÁ
NENHUM PERIGO
A PARTIR DE SEGUNDA-FEIRA ÀS 21H FIQUE À DISPOSIÇÃO
TODA NOITE DAS 21H ÀS 6H
SE TUDO CORRER BEM SEU MARIDO SERÁ LIBERTADO
48 HORAS DEPOIS

Um outro anúncio é feito para colocar em cena Gerhard Johann Schwenn como portador do dinheiro. Para essa tarefa a polícia prefere um funcionário do MEK (Comando de Operação Móvel), mas ela acaba ficando a cargo do Schwenn. Levam o dinheiro para casa. Está preparado. Kathrin junta a ele uma carta com o pedido para que o prazo de quarenta e oito horas seja reduzido. De acordo com a polícia, a casa já está sob a mira da imprensa. A polícia a informa diariamente sobre a situação e pede para que não publique nada sobre o assunto. Este procedimento dá um bom resultado.

Sábado, 30/3. Sai o anúncio: "Boa sorte Ann Kathrin/ Preciso de um sinal/Estou pronta, não vou conseguir/ Gerhard vai fazer tudo para mim/Ele também pode mais cedo/Apareça/Fax: 866-3659." Chega outra carta dos seqüestradores:

CARO SR. PSICÓLOGO DA POLÍCIA
LEMOS OS SEUS ANÚNCIOS
O SR. AINDA VAI DESCOBRIR LOGO
DE QUANTOS CRIMINOSOS
SE TRATA
TUDO PERMANECE COMO JÁ EXIGIDO POR NÓS
A SRA. SCHERER É QUEM VAI ENTREGAR O DINHEIRO
VAMOS NOS COMUNICAR PELO FAX 866-3659 OU PELOS
TELEFONES 866-3144 OU 866-3158
ESTEJAM PRONTOS
SE A ENTREGA FRACASSAR POR MOTIVOS TÁTICOS
DA POLÍCIA OU SE TENTAREM UMA CAPTURA
CORTAMOS UM DEDO
DO SR. REEMTSMA
O NARIZ QUEBRADO ELE JÁ TEM
DE RESTO PERMANECE TUDO COMO JÁ INFORMADO

Kathrin escreve uma carta de despedida ao nosso filho, para o caso de lhe acontecer algo durante a entrega do dinheiro. À noite, reúne-se com Michael Daleki e

Dieter Langendörfer, o chefe da "Co(missão) Esp(ecial) Reemtsma". Garantia de que a polícia vai ater-se rigorosamente ao chamado "projeto de realização" (a vida do refém tem prioridade absoluta; cumprimento das exigências dos seqüestradores, busca apenas após a libertação ou a morte).

Domingo, 31/3. Com base na última carta dos seqüestradores, a polícia pede uma procuração postal que inclua encomendas. Kathrin é indagada sobre os possíveis motivos para o crime.

Lentamente, por meio de "Já sabe da novidade?" e da ânsia da imprensa por informações, a notícia infiltra-se no instituto, onde até então tinha sido mantida a versão de uma viagem repentina ao exterior.

Pouco a pouco, os funcionários são informados sobre o ocorrido. Mas não espalham a notícia, o que é raro para um escritório com mais de trinta empregados.

Segunda-feira, 1/4. Anúncio: "Boa sorte Ann Kathrin/ Gerhard está pronto para partir quando eu souber que com você continua tudo bem/Apareça/Fax: 866-3659." Carta dos seqüestradores:

SE ESSE TAL GERHARD FOR O ADVOGADO
JOHANN SCHWENN ENTÃO ELE PODE
ACOMPANHAR A SRA. SCHEERER
NO PAGAMENTO
DE RESTO FICA TUDO COMO JÁ INFORMADO
OBEDEÇAM AOS HORÁRIOS CORRESPONDENTES
E OBSERVEM BEM NOSSAS EXIGÊNCIAS
ASSIM SEU MARIDO PASSA A PÁSCOA EM CASA

Tinham anexado mais duas páginas escritas à mão no porão. Kathrin faz um teste automobilístico com o GPS. Telefonema do *Bild-Zeitung*: oferecem-se para publicar um apelo aos seqüestradores. Nesse meio tempo, jornalistas com e sem máquinas fotográficas povoam a rua da nossa casa.

Terça-feira, 2/4. Sai o anúncio pela manhã: "Boa sorte Ann Kathrin/Diga uma coisa, por que você não me mandou nenhuma foto?/Comigo vai tudo bem/Apareça/Fax: você já tem o meu número." No decorrer do dia, chega outra carta manuscrita do porão. O anúncio do dia seguinte é formulado: "Boa sorte Ann Kathrin/Nós dois estamos fazendo tudo o que você quer/Não nos deixe esperando tanto, sem termos algo de atual para ler ou ver. Como vai continuar isso tudo?/Apareça/Fax: você já tem o número." À noite, às 2h45, um telefonema dos seqüestradores é atendido por Schwenn. Eles usam um deformador de voz, e mal dá para entender o que dizem. Só depois de ouvir várias vezes a mensagem é que a instrução fica clara: ir ao acesso rodoviário Bahrenfeld, e lá pegar uma informação num cruzamento. O cruzamento não está assinalado no mapa da cidade. Kathrin e Johann Schwenn são levados ao local onde o carro equipado com GPS está sob a fiscalização da polícia. No entanto, o carro que os conduz até lá atrasa-se e, devido à falta de tempo, precisa ser dirigido com certos "direitos especiais". Troca de carros. O cruzamento, na verdade, é uma confluência de vias à qual só se chega a pé. Lá, atrás de uma caixa de luz, há outra instrução num invólucro transparente, lacrado com fita adesiva:

LIGUE O PISCA-PISCA
(PERMANENTEMENTE)
VÁ PELO TÚNEL SOB O ELBA EM DIREÇÃO
A HANNOVER
NÃO ULTRAPASSE 80 KM/H
DIRIJA APENAS NA FAIXA DA DIREITA
NÃO FAÇA ULTRAPASSAGENS
PARE AO VER OUTRO
PISCA-PISCA LARANJA
PEGUE O DINHEIRO E ENGANCHE A
SACOLA NA CORDA LARANJA AO LADO

DO PISCA-PISCA
CONTINUE A DIRIGIR LOGO EM SEGUIDA
SE NÃO VIR NENHUM PISCA-PISCA
PARE A 3000 METROS PRÓXIMO À PLACA DO CRUZAMENTO DE MASCHEN E PEGUE A 2ª INFORMAÇÃO

Exigências de viagem cumpridas. Nenhum pisca-pisca ao redor. Placa "Maschen". Não há mais instruções na placa, ao lado da mureta de proteção. Retorno após reunião com a polícia.

Quarta-feira, 3/4. Sai o anúncio do dia anterior; o do dia seguinte é redigido: "Boa sorte Ann Kathrin/O que aconteceu?/Apareça/Você já tem o número."

Quinta-feira, 4/4. Sem nenhuma mensagem escrita pelos seqüestradores, chegam outras duas cartas do porão – uma para Kathrin, outra para Schwenn –, chamadas por Kathrin, em suas anotações, de "cartas de pânico". Às 23h, telefonema dos seqüestradores, dessa vez bem mais fácil de compreender. Queixam-se de que ninguém teria aparecido. Avisam sobre um telefonema na noite seguinte, entre 21 e 23h, e fazem uma pergunta, cuja resposta faz com que Schwenn se identifique.

Sexta-feira santa, 5/4. Nenhum telefonema.

Sábado de Aleluia, 6/4. Anúncio: "Boa sorte Ann Kathrin/Por que você não vem?/Não vai lhe acontecer nada/A espera é insuportável/Apareça. O número você já tem." A polícia vê minha morte como provável e pede a um amigo da família para falar com minha mulher, caso isso realmente venha a ocorrer. É elaborado um anúncio para o dia seguinte, contendo uma pergunta feita a partir de conversas familiares, para descobrir se eu ainda estou vivo: "Boa sorte Ann Kathrin/Diga uma coisa: como é mesmo que se chama aquela doença que deu nas pernas do Bennis? Ligue-me hoje sem falta!/Faz tempo que está tudo pronto/Meu número você já tem." Telefonema às três horas da manhã. Novamente, por causa da deformação da voz, Schwenn só consegue responder à pergunta de identificação depois que ela é repetida duas vezes. (Trata-se da pergunta sobre a deficiência física de um professor nosso dos tempos de escola.) Nada mais. Outro telefonema "nos próximos dias".

Domingo de Páscoa, 7/4. Nada.

Segunda-feira, 8/4. Kathrin decide falar ela mesma ao telefone com os seqüestradores da próxima vez. Nenhum telefonema.

Terça-feira, 9/4. Sai o anúncio formulado no dia 6/4. Elaboração de outra pergunta, por meio de anúncio, para saber se estou vivo: "Boa sorte Ann Kathrin/ Esqueci os apelidos das nossas duas casas/Como é mesmo que elas se chamam?/Responda hoje/Queria partir de uma vez por todas/O número você já tem."

Quarta-feira, 10/4. Carta dos seqüestradores:

ENQUANTO ACHARMOS QUE O SR.
ESTÁ COLABORANDO COM A POLÍCIA
SR. SCHWENN ESSA SITUAÇÃO NÃO
VAI ACABAR TÃO CEDO
TEMOS MUITO TEMPO
O SR. DEVERIA PENSAR BEM NOS
INTERESSES DE QUEM ESTÁ DEFENDENDO
COMO TIVEMOS DE INTERROMPER TAMBÉM A 2ª
TENTATIVA DE PAGAMENTO DEVIDO À
PRESENÇA DA POLÍCIA
NÃO HAVERÁ MAIS TENTATIVAS
NA REGIÃO DE HAMBURGO
TUDO ISSO PRORROGA DESNECESSARIAMENTE
O SOFRIMENTO DO SEU CLIENTE
TAMBÉM NÃO ESTAMOS NEM UM POUCO INTERESSADOS
EM CONTINUAR FALANDO AO TELEFONE
COM O PSICÓLOGO DA POLÍCIA
ARRUME UM CELULAR COM ALGUM
CONHECIDO SEU E INFORME-NOS O NÚMERO

NO PRÓXIMO CONTATO NA
QUARTA-FEIRA
VAMOS DEPOIS PASSÁ-LO PARA UM
TELEFONE NEUTRO (APÓS AS 21H)
ALÉM DISSO ALUGUE UM MONOMOTOR
(CESSNA) APROPRIADO PARA
LANÇAR O DINHEIRO
EMBRULHE O DINHEIRO ADEQUADAMENTE
O AVIÃO DEVE ESTAR A POSTOS
NA QUINTA E NA SEXTA-FEIRA A PARTIR DAS 18H
VÔO EM VFR EM 1000 ATÉ 1500 PÉS
INFORMAREMOS OS DADOS SOBRE O VÔO ANTES
OU DURANTE O MESMO PELO CELULAR
NÃO FAREMOS OUTRA TENTATIVA
POR UM BOM TEMPO
SE MAIS ESSA TENTATIVA FRACASSAR
A EXIGÊNCIA DO RESGATE SERÁ AUMENTADA
EM 10 MILHÕES DE MARCOS
SE NOS CONVENCERMOS DE QUE SERÁ MUITO
ARRISCADO PEGAR O DINHEIRO
MATAREMOS O SR. REEMTSMA
PENSE BEM NO QUE VAI
FAZER
O AVIÃO DEVE TER UMA AUTONOMIA DE
800 – 100 KM/H E DEVE PODER MANTER
UMA VELOCIDADE MÉDIA DE 200 KM/H
ACIMA DO SOLO

Juntamente com esta são enviadas outras duas cartas do porão. Numa é relatada a opinião dos seqüestradores de que o último contato telefônico não teria sido feito por Schwenn, mas por um agente da polícia, que teria transmitido a pergunta a Schwenn – eis o motivo da demora da resposta. Um avião adequado é encontrado e adaptado para os fins exigidos. Um piloto prepara-se para a tarefa. Schwenn recebe a instrução de como deve jogar a sacola com o dinheiro. Telefonema pouco antes das 23h. Kathrin atende, faz um gesto para indicar que estão usando deformador de voz; diz que não há nenhum policial na escuta, que as exigências seriam atendidas. Resposta: Schwenn deveria, dentro de uma hora, à meia-noite, deixar seu cartão de visita no Hotel Atlantic e aguardar. Ida ao hotel. Lá, telefonema. Schwenn deveria ir ao Hotel Ibis em frente e aguardar outra ligação. Uma nova pergunta de identificação é feita, dessa vez sem problemas. Em seguida – quase na maior tranqüilidade –, é discutida uma série de questões: por que o pagamento não deu certo (novamente: o carro chegou tarde demais); se não dava para negociar em outro horário em vez de meia-noite; como estava o refém (bem); que eles precisavam se apressar para terminar logo esse assunto; se o prazo após a entrega do dinheiro tinha mesmo de ser de quarenta e oito horas (seria o "limite máximo"); como tudo isso continuaria? "Nos próximos dias."

Quinta-feira, 11/4. Nesse meio tempo, a notícia do seqüestro virou o assunto do dia não apenas em Hamburgo. Chegam telefonemas, cartas, ofertas de ajuda por parte de amigos e conhecidos. Parentes de vítimas que passaram por situações semelhantes entram em contato, confortam e oferecem ajuda.

No Instituto de Hamburgo para Pesquisa Social, é realizada uma assembléia em que Joachim Kersten informa os funcionários sobre a situação. A polícia ainda manda publicar mais anúncios até o dia 27/4, que combinam e variam textos como "estou esperando", "seja breve", "apareça", "o que aconteceu?" etc., e que também contêm outra pergunta para saber se estou vivo. Esses textos não desempenham uma função muito clara para a comunicação com os criminosos.

Sexta-feira, 12/4. Nada.

Sábado, 13/4. Telefonema dos seqüestradores pela manhã. Schwenn é intimado a ir para Luxemburgo – um itinerário é traçado. Ele deveria se hospedar no quarto de determinado hotel e aguardar mais instruções. Schwenn frisa que dirige devagar e que precisaria de tempo. OK. Quando ele poderia partir? Em uma... – e o agente de polícia que estava presente gesticula: duas horas. Iria acompanhado de uma colega, que desembarcaria antes da fronteira. Isso também é aceito. A "colega", uma agente de polícia conforme acordo prévio, atrasa-se. Mais tarde verifica-se que ela havia esquecido o passaporte. Já a versão oficial da minha mulher e do sr. Schwenn dizia que o GPS, instalado nesse meio tempo também no carro de Schwenn, parou de funcionar repentinamente. À noite os seqüestradores ligam para o hotel em Luxemburgo, fazem outra pergunta de identificação que, devido ao uso do deformador de voz, leva Schwenn a entendê-la de forma errônea e a não dar a resposta correta. Mesmo assim, ordenam que ele vá a um posto de gasolina próximo dali para receber a próxima informação. Ela diz:

VÁ ATÉ TRIER PELA RODOVIA
A APROXIMADAMENTE 80 KM/H
PARE NO PRIMEIRO POSTO DE SERVIÇOS
DEPOIS DA FRONTEIRA ALEMÃ
CHAMA-SE MARKUSBERG (A CERCA DE 5 KM)
LÁ ENCONTRA-SE A 2ª INFORMAÇÃO
AO CHEGAR AO POSTO VIRE RAPIDAMENTE
À DIREITA
LÁ ENCONTRA-SE UM PORTÃO GRANDE COM GRADES
(LOGO AO LADO DA ENTRADA DO ESTACIONAMENTO)
A INFORMAÇÃO ESTÁ NO POSTE
DIREITO

No local:

JOGUE O DINHEIRO POR CIMA DA CERCA
DO LADO DIREITO DO PORTÃO DE GRADES

SIGA EM FRENTE IMEDIATAMENTE
VÁ ATÉ O CRUZAMENTO KOBLENZ/
SAARBRÜCKEN/TRIER
CHEGANDO LÁ FAÇA O RETORNO E
VOLTE PARA O HOTEL
SE TIVERMOS DIFICULDADES PARA
RECEBER O DINHEIRO LIGAREMOS
PARA O SR.
SE NÃO LIGARMOS É PORQUE ESTÁ
TUDO OK
NO MÁXIMO EM 48 HORAS O SR. R.
ESTARÁ COM VOCÊS

Informação para Hamburgo de que tudo correu conforme planejado.

Domingo, 14/4. O dinheiro não foi pego. Agentes da polícia disfarçados de turistas confirmaram o fato depois de algumas horas.

Conversa de Kathrin com Daleki. Ainda não se sabe o motivo do fracasso do pagamento. Entre a polícia e o sr. Schwenn surgem graves conflitos. Kathrin avisa que irá sozinha da próxima vez. Caso precise de companhia, irá com o amigo de Frankfurt, que diz já estar preparado. Kathrin exige que a polícia retire os equipamentos técnicos dos carros. Da próxima vez não deverá mais haver nenhum tipo de movimentação policial.

Segunda-feira, 15/4. Um novo texto de anúncio para o dia seguinte: "Boa sorte Ann Kathrin/Estou fazendo tudo o que você quer/O que está acontecendo? Nós dois queremos a mesma coisa – o mais rápido possível/Apareça." À noite, diante da porta, está Michael Herrmann, um velho conhecido dos tempos do grupo que serviu de mediador entre o governo estadual de Hamburgo e os moradores da Hafenstraße, quando esta teve seus imóveis vazios ocupados. Herrmann informa a Kathrin, na ausência da polícia, que os seqüestradores haviam ligado para o pastor Christian Arndt, outro antigo integrante daquele grupo mediador, e para um tal de professor Clausen (que ele não conhecia) para perguntar se estariam dispostos a ser os portadores do dinheiro. Seria a última tentativa. Os nomes foram sugeridos por mim.

Terça-feira, 16/4. De acordo com Herrmann – que sempre aparecia com o pretexto de fazer uma visita e de dar uma força –, as cartas do porão confirmavam que a pergunta era mesmo dos seqüestradores e que Arndt e Clausen tinham sido autorizados por mim para serem os portadores do dinheiro. Disfarçadamente Hermann passa a Kathrin uma cópia da carta que os seqüestradores tinham enviado para Arndt e uma carta anexada a esta, endereçada a ela e a Johann. A carta dos seqüestradores:

PREZADO SR. PASTOR ARNDT
PREZADO SR. DR. CLAUSEN
OBRIGADO POR ESTAREM DISPOSTOS
A ATUAR COMO INTERMEDIÁRIOS
ASSEGURO-LHES QUE NÃO CORRERÃO
NENHUM PERIGO
COMO JÁ DEVEM SABER SEQÜESTRAMOS O SR.
REEMTSMA E AGORA DEPOIS DE TRÊS
TENTATIVAS FRACASSADAS DE PAGAMENTO
(POR MOTIVOS DE TÁTICA POLICIAL)
ESTAMOS EXIGINDO UM
RESGATE DE 30 MILHÕES DE MARCOS
(METADE EM FRANCOS SUÍÇOS E METADE EM
MARCOS APENAS EM NOTAS DE MIL NÃO MARCADAS)
FISICAMENTE O SR. REEMTSMA ESTÁ
BEM
DOU-LHES A MINHA PALAVRA DE QUE
O SR. REEMTSMA SERÁ LIBERTADO ILESO
48 HORAS DEPOIS QUE RECEBERMOS O
RESGATE
A POLÍCIA VAI LHES DIZER QUE VAMOS
MATAR O SR. REEMTSMA DE TODO JEITO

ISSO NÃO É VERDADE!
ATÉ AGORA NENHUMA VÍTIMA FOI ASSASSINADA
DEPOIS DO PAGAMENTO DE
UM ALTO RESGATE
NÃO É DESTA VEZ QUE ISSO VAI ACONTECER
PARA NÓS ISSO É UM NEGÓCIO COMO OUTRO
QUALQUER E VAMOS NOS ATER AOS
ACORDOS FEITOS
MAS TAMBÉM DOU-LHES MINHA PALAVRA
DE QUE MATAREMOS O SR. REEMTSMA SE
CONTINUAREM COM ESSA TÁTICA
NOSSA PACIÊNCIA TAMBÉM TEM LIMITE
POR ISSO PEÇO-LHES EM NOSSO
TOTAL INTERESSE QUE DÊEM LOGO
UM FIM A ESSA QUESTÃO
ASSEGURO-LHES MAIS UMA VEZ QUE
VAMOS CUMPRIR EXATAMENTE TODOS
OS ACORDOS E NÃO FAZER JOGO DUPLO
COMO O ADVOGADO SCHWENN

Combinam de não informar a polícia. Mas como o aparecimento de Herrmann certamente levantará suspeitas, é preciso dar a impressão de que ele foi escolhido pelos seqüestradores para ser o novo portador do dinheiro, a fim de concentrar nele uma eventual investigação, que por sua vez poderia ser notada pelos seqüestradores.

Quarta-feira, 17/4. Michael Herrmann leva secretamente um celular para que possa ser usado sem o controle da polícia. Arndt e Clausen também estão devidamente equipados. Ainda é preciso conseguir dez milhões. E para que Arndt e Clausen consigam obter o dinheiro sem a fiscalização da polícia, a primeira quantia tem de ser providenciada novamente. Só que essa importância toda não pode mais sair de Hamburgo. Nosso administrador de bens e nosso advogado, ambos de Nova York, cuidam do levantamento do dinheiro e avisam que ele vai chegar dentro de algumas horas. Anúncios continuam a ser publicados, a imprensa é mantida a par dos acontecimentos – segundo o posto de informações da polícia. Enquanto isso, helicópteros da imprensa sobrevoam a casa algumas vezes. Uma revista quer ter acesso ao arquivo da escola onde estudei, mas é impedida pelo diretor.

Quinta-feira, 18/4. Comunicado de Michael Herrmann: enquanto isso, a carta para Clausen também teria sido recebida (endereçada à Universidade de Kiel, evidentemente demorou mais tempo para chegar).

Chegam os administradores de bens americanos. Eles haviam entrado em contato com o serviço de segurança privada ESPO, a filial alemã de uma empresa americana. Michael Herrmann: uma nova carta dos seqüestradores teria chegado para Arndt e Clausen:

PREZADO SR. DR. CLAUSEN
PREZADO SR. PASTOR ARNDT
PRESUMO QUE JÁ RECEBERAM NOSSAS CARTAS
E QUE TALVEZ JÁ TENHAM
SE ENCONTRADO
CERTAMENTE IRÃO CONVERSAR COM A SRA.
SCHEERER COM O ADVOGADO DELA E COM A
POLÍCIA
ESSE CASO SÓ PODE CONTINUAR SEM DERRAMAMENTO
DE SANGUE
SE O RESGATE FOR PAGO SEM A
COLABORAÇÃO DA POLÍCIA
VOCÊS PRECISAM ENCARAR ISSO TUDO
COMO UM NEGÓCIO
QUEM PAGA É LIBERTADO QUEM NÃO PAGA
MORRE
NOSSA PACIÊNCIA ESTÁ CHEGANDO AO FIM UMA VEZ QUE
ESSA HISTÓRIA JÁ ESTÁ ENTRANDO NA QUARTA SEMANA
SE A TÁTICA POLICIAL MOMENTÂNEA CONTINUAR
O SR. REEMTSMA COM CERTEZA SERÁ MORTO
PARA A CORRESPONDÊNCIA ESCRITA

UTILIZAREMOS O ENDEREÇO DO
SR. CLAUSEN
SR. PASTOR ARNDT POR FAVOR PROVIDENCIE
COM SEUS CONHECIDOS UM TELEFONE
CELULAR QUE NÃO PERMITA À POLÍCIA
ENTRAR EM CONTATO COM O SR.
VOU LIGAR PARA O SR. NA SUA CASA
NA SEXTA-FEIRA ÀS 20H E
LHE INDICAREI UM HOTEL
LÁ VOU LIGAR PARA A RECEPÇÃO
O SR. PODERÁ ENTÃO ME PASSAR O
NÚMERO
ESPERAMOS QUE COM SUA AJUDA
TUDO POSSA TERMINAR LOGO
SEM DERRAMAMENTO DE SANGUE

Kathrin decide que a polícia deve se retirar da casa, e de modo bem explícito, para o caso de estar sendo observada. A polícia é informada de que Herrmann é o novo portador do dinheiro. A próxima entrega será feita sem que a polícia seja informada. Os agentes oferecem-se para deixar a casa. Kathrin concorda com a proposta.

Sexta-feira, 19/4. Conversa com Michael Daleki sobre a decisão de, a partir daquele momento, agir totalmente sem a polícia. O dinheiro é levado até a casa de Clausen, porque estavam contando com um telefonema dos seqüestradores. Os seqüestradores ligam para Arndt. Ele tem de dirigir-se a determinada cabine telefônica. Lá, outro telefonema com a pergunta de identificação. Os seqüestradores queixam-se pelo telefone de que até aquele momento o jogo com eles não tinha sido honesto. Nada mais.

Sábado, 20/4. Encontro com os representantes da ESPO. Conselho urgente para interromper o jogo conspiratório. "Só dá para prosseguir sem a polícia se ela estiver junto." A ESPO assume as negociações com a polícia. O dinheiro preparado é levado da casa ao banco.

Domingo 21/4. À noite, encontro entre Kathrin, os administradores de bens e Daleki.

O outro procedimento é discutido. Kathrin recusa uma nova preparação do dinheiro – principalmente para proteger os novos portadores de possíveis atos de vingança futuros. A polícia é informada de que todas as cédulas haviam sido fotocopiadas. Receberia os números quando eu fosse libertado. A polícia comunica à ESPO que avaliava negativamente em 60/40 as chances de eu sobreviver ao seqüestro.

Segunda-feira, 22/4. O banqueiro Max Warburg consegue para Kathrin um horário com o prefeito, Henning Voscherau.

Terça-feira, 23/4. Encontro com Voscherau. Esclarecimento sobre a estratégia a ser adotada doravante, com a esperança de que Voscherau faça com que o comando da polícia respeite as decisões que estão sendo tomadas.

Quarta-feira, 24/4. 23h10, telefonema dos seqüestradores. Arndt e Clausen querem certificar-se de que estou vivo – perguntam sobre o local de origem de um dos nossos gatos. A resposta, "Trittau", torna-se a senha entre seqüestradores e portadores. Arndt e Clausen recebem a ordem de pegar a rodovia A1 em direção a Bremen/Osnabrück/Münster e de aguardar outras instruções pelo telefone. Pelo celular, são incumbidos de buscar a próxima instrução escrita na faixa de ultrapassagem do posto de serviço da região de Münster, junto a uma placa com o sinal de preferencial.

PALAVRA-CHAVE TRITTAU
SIGAM EM FRENTE PELA RODOVIA 1
ATÉ O CRUZAMENTO KAMEN
CONTINUEM PELA RODOVIA A2 SENTIDO
RECKLINGHAUSEN/OBERHAUSEN
SIGAM A RODOVIA A2 ATÉ O CRUZAMENTO DUISBURG/
KAISERBERG

LÁ MUDEM PARA A RODOVIA A40 SENTIDO
DUISBURG/VENLO
SIGAM PELA A40 ATÉ O CRUZAMENTO RODOVIÁRIO
MOERS/KAPPELLEN
LÁ MUDEM PARA A RODOVIA A57 SENTIDO
NEUSS/KÖLN
SIGAM PELA A57 ATÉ ENTRARMOS EM CONTATO
PELO TELEFONE OU ATÉ CHEGAREM AO POSTO
DE SERVIÇOS GEISMÜHLE (LOGO DEPOIS DE
KREFELD)
ESPEREM NO LOCAL ATÉ RECEBEREM NOVAS
INSTRUÇÕES

É então comunicado pelo telefone onde se encontra a próxima instrução – novamente em uma placa de trânsito. Diz o seguinte:

PALAVRA-CHAVE TRITTAU
ASSEGURO-LHES MAIS UMA VEZ QUE
NÃO ESTARÃO AMEAÇADOS DE NENHUM PERIGO SE
CUMPRIREM EXATAMENTE NOSSAS INSTRUÇÕES
PARTAM IMEDIATAMENTE PELA A57 ATÉ
O PRÓXIMO CRUZAMENTO RODOVIÁRIO
CHAMA-SE STRÜMP
LÁ MUDEM PARA A RODOVIA A44 SENTIDO
WILLICH/MÖNCHENGLADBACH
PEGUEM A PRIMEIRA SAÍDA DA 26 MEERBUSCH/
OSTERRATH
QUANDO ESTIVEREM EMBAIXO NA SAÍDA
VIREM À DIREITA
APÓS CERCA DE 50-100 METROS À ESQUERDA
HÁ UM ATALHO ASFALTADO
ENTREM NELE
SIGAM O CAMINHO POR CERCA DE 100 METROS ATÉ
QUE CONTINUE SÓ PARA A DIREITA OU SÓ
PARA A ESQUERDA
PAREM NESSE PONTO
DESLIGUEM O FAROL

DEIXEM A CHAVE NA IGNIÇÃO
DEIXEM O DINHEIRO NO CARRO E
DESÇAM DELE
VOLTEM PARA A ESTRADA PRINCIPAL E
ANDEM PELA ESQUERDA EM DIREÇÃO A KREFELD/
STEINRATH
NÃO PAREM NÃO OLHEM PARA
TRÁS
CONTINUEM ANDANDO ATÉ CHEGAREM AO
CORREIO
CHAMEM UM TÁXI E AGUARDEM NOSSO
TELEFONEMA
VAMOS COMUNICAR-LHES SE
PUDEMOS PEGAR O DINHEIRO E
ONDE ESTÁ SEU CARRO
PEGUEM-NO E DIRIJAM
PARA CASA
SE TUDO DER CERTO O SR. R.
LIGARÁ PARA OS SRS. NA SEXTA-FEIRA À NOITE

Arndt e Clausen recebem um telefonema informando de que tudo tinha corrido conforme o esperado pelos seqüestradores, só que o carro infelizmente havia sido destruído na escuridão. Os seqüestradores desculpam-se enfaticamente por esse estrago.

Quinta-feira, 25/4. Pela manhã, os administradores de bens americanos informam minha mulher de que a entrega do dinheiro havia sido bem sucedida. Na noite de sexta para sábado, liguei então para casa.

Até aqui contou-se, portanto, em áridas palavras, o que aconteceu fora do porão. Enquanto tudo isso se passava, meu lugar não era naquele mundo; tive de ficar do lado de fora. E agora, quando começo a falar desse exterior por trás da porta trancada do porão, também fico preocupado com o lugar que essa experiência ocupa no mundo. Temo que ela também tenha de ficar do lado de fora. Ela não só não se adapta à tensão anteriormente descrita, como também não se adapta a nenhuma outra experiência (a não ser à daquele ou daqueles que passaram por algo parecido). No fundo, não há mais nada a fazer com ela. A experiência não ensina nada. Não é nenhuma novidade o fato de que não se deve assaltar, seqüestrar pessoas, bater sua cabeça contra a parede, acorrentá-las, isolá-las, mantê-las durante semanas com medo da morte. Não levei nenhum conhecimento relevante para casa.

O que vem a seguir é esse "ficar do lado de fora", é a tentativa de descrever e, até onde for possível (e não dá para ir muito longe), discutir os sentimentos ligados a essa vivência, que eu não gostaria de chamar de experiência porque as experiências têm a ver com a continuidade da vida e, no caso em questão, trata-se, porém, da extrema descontinuidade que se abate sobre nós. Da mesma forma que sei, pelas cartas de quem passou por situação semelhante, que, como pessoas irmanadas nessa vivência, podemos reconhecer o limite – imposto à comunicabilidade pelo próprio acontecimento – e, muito além dele, compreender o que está não entrelinhas dessas frases; sei também que terei alguns leitores que conseguirão entender o empreendimento arriscado, no fundo até paradoxal, deste relato.

A todos os demais só posso pedir para compreenderem que, em primeiro lugar, não considero a redação desta experiência um desafio literário, no que diz respeito à possível tentativa de dar uma ajuda à fantasia, por exemplo por meio de metaforismos expressivos e de uma narração especialmente dramática. Este relato abstém-se amplamente de recursos literários, e recusa, sobretudo, a licença para a ficção. O que lerão a seguir é o que realmente aconteceu – ou pelo menos é como foi lembrado.

O objetivo deste livro, de quebrar uma intimidade que me foi imposta, obriga-me não apenas a ser o mais sincero possível, como também me coloca numa situação que, em outras circunstâncias, eu consideraria quase como exibicionista. Não poderia ser diferente. Pareceu-me, contudo, de grande ajuda apresentar-me nas próximas páginas na terceira pessoa do singular. Assim, foi mais fácil falar de coisas desagradáveis. Essa figura de estilo também se ajusta ao fato de não existir uma continuidade do Eu partindo da minha escrivaninha para o porão, sobre o qual eu terei de escrever.

É com o porão, em que ele ficou acorrentado durante trinta e três dias, que eu gostaria de começar. Ou talvez seja melhor começar com a viagem de carro, que me transportaria até lá uma segunda vez. Um dia quente, de início de verão, eu ia numa viatura comum da polícia. Os policiais haviam me dito que estavam quase totalmente seguros de terem encontrado o porão certo, mas que era necessária a minha presença para uma identificação realmente inequívoca. O porão não ficava onde a polícia havia procurado nos últimos dias, num local próximo a Soltau, mas em Bremen. Não correspondia ao que eu lembrava da sua volta dentro do porta-malas, mas à recordação de outro trajeto, que para eles não tinha nada a ver com o trecho Soltau–Hamburgo. Essa viagem levou mais tempo do que ele lembrava ter demorado a primeira. Perguntei: se fossem me mostrar um porão para a identificação, que achassem então os furos para os revestimentos da janela e para as correntes presas na parede, às quais ele havia ficado atado por trinta e três dias; caso contrário, não seria necessário ir até lá. Pois é, acharam o tal porão. Contudo, ele tinha apenas uma janela – uma segunda teria sido disfarçada com um revestimento. Havia ainda mais coisas que não correspondiam exatamente à minha descrição.

O que meu filho diria numa hora dessas?, pensei. Nos últimos dias, ele tinha sido, por assim dizer, o pessimista de sempre:

"Não vão achá-los nunca, eles foram espertos demais!" Provavelmente ele diria que aquele não era o porão correto, mas um outro que tinha sido arranjado apenas para dar uma pista falsa. (De fato, meu filho disse exatamente isso à noite.) Será que eu era capaz de reconhecer o correto, no caso improvável de realmente existir um segundo porão preparado? Lembrei-me de que, no reboco, ao lado do colchão, havia uma marca que ele sempre ficava observando e tentando descrever antes de pegar no sono. Uma espécie de meia-lua arredondada, na qual dava para ele colocar a ponta de dois dedos. "Existe um sinal – se eu o vir, é porque o porão é este", disse ao meu acompanhante, e descrevi o local. Eu pensava com isso em futuros debates judiciais e na possível suposição de um advogado de defesa de que eu teria achado essa solução ao ver no local o ponto no reboco. "Mas, se o porão tiver sido rebocado novamente, não sei se vou conseguir reconhecê-lo com absoluta certeza."

Chegamos. Na última parte do caminho, fechei os olhos. Tinha sido assim a chegada? Parecida. Mas exatamente assim? Parar; descer. O caminho para a casa. Era desse jeito? Talvez. A casa: um chalé. Telhado de junco. Jardim grande, bem afastado. No porão dessa casa...? Ele tinha sempre imaginado algo como uma construção inacabada, sabe-se lá por quê. Um degrau acima; isso mesmo. Ante-sala. "Agora à direita fica o porão." Não, era a cozinha. O porão ficava à esquerda. Será que ele estava confundindo o lado direito com o esquerdo? Ao ser levado para fora, ele teve de girar várias vezes em torno de si mesmo – será que tinha sido assim também ao entrar e eu tinha me esquecido? Até que ponto dá para desorientar uma pessoa atemorizada, amarrada, com os olhos vendados, mas que conserva razoavelmente os sentidos? Parece que dá para desorientar bastante.

A entrada para o porão, a escada. É, a escada era aquela mesmo. Madeira, com uma ligeira curva à direita. Essa eu conhecia, a sensação de passar por ela, os ruídos. "Agora pela esquerda chega-se ao porão." Voltei-me para a esquerda, lá estava ele. Senti-me enganado: o aquecedor do lado errado, as proporções erradas, o porão pequeno demais. Era como estar num pesadelo. "Por favor, continue a olhar em volta, em todo o porão." Por quê? À direita, um cômodo com o aquecedor. Num canto à esquerda, um outro cômodo. Olhar em volta. A porta é a mesma, o aquecedor é o mesmo, as proporções são as mesmas. Lá estão as tomadas. Dá a impressão de ser um pouco menor. Lâmpada no meio do teto; a altura do teto também é a mesma. Uma janela. Há sinais de furos mal rebocados na parede, onde antes havia os revestimentos da janela. Em que local a corrente estava presa? Dá para ver o local no reboco? Sim, está ali. Apontado com o dedo: "Este é o local de que falei para vocês. O porão é este." Isso mesmo, era lá que ficava a corrente. Deitei-me. É, o local no reboco, a meia-lua arredondada estava no mesmo lugar de antes. Toquei-a com os dedos indicador e médio. Não havia dúvida. Aquele era o cômodo em que ele tinha passado trinta e três dias com medo da morte e coisas piores. Depois me levantei; o rosto dos agentes policiais voltados para mim mostravam um misto de alegria e simpatia, e de respeito também, pelo que me pareceu.

Senti-me atordoado por um momento, não conseguia lidar com essa situação. Mais tarde compreendi que, ao ver aquele porão, alguns talvez tivessem reconsiderado a idéia do "seqüestro de luxo" – expressão usada por um dos criminosos, que eu mesmo cheguei a empregar e que a imprensa adotou avidamente –, e também pudessem imaginar que a volta ao local era para mim uma experiência totalmente ambígua. Provavelmente dava para perceber isso em mim. Além do mais, acho que eu havia lhes proporcionado uma espécie de aventura *à la* Kalle Blomquist*, que não é tão comum assim no dia-a-dia dos criminalistas.

Tomaram meu depoimento e, enquanto eu respondia às perguntas, andava de um lado para o outro no porão. Com os movimentos, voltei a sentir aquele recinto. Isso mesmo, a corrente era daquele comprimento. Quando, de pé sobre a perna esquerda, ele se apoiava aqui com a mão esquerda e puxava a corrente ao máximo com a perna direita, conseguia chegar até o termostato do aquecedor. Deveria haver impressões digitais na parede. Como havia recebido jornais, seus dedos ficaram sujos de tinta. Não, as paredes estavam brancas. Porém, mal pintadas. Deram só umas pinceladas. Então deveria... é, lá ele havia se apoiado na parede para uma espécie de flexão inclinada: também nesse local as marcas muito visíveis haviam sido nitidamente pintadas de branco. Isso mesmo, o tamanho do recinto estava correto; se fosse maior, o banheiro não poderia ser ao lado da porta, e ele não teria conseguido alcançar a tomada na parede, em frente à corrente.

E aquela meia-lua arredondada. Quando estava preso, ele sempre voltava a tocá-la e a perguntar-se, a certa altura, o que o fascinava tanto naquele ponto do reboco.

---

* Kalle Blomquist é o detetive criado por Astrid Lindgren, escritora sueca de histórias infantis. (N. da T.)

Ela o tinha feito lembrar uma passagem de um dos livros dos cinco amigos, de Enid Blyton, nos quais uma porta secreta é descoberta: de repente, mãos tateiam um entalhe no revestimento de madeira, e a parede se divide. Seus dedos tinham se lembrado desse local e, enquanto apalpavam o reboco, expressavam o desejo de sair daquele porão por meio de mistério e magia. Mas a corrente continuaria a prender-me, nem mesmo esse poder mágico me serviria, pensou na ocasião. Porém, lembrara-se de muitos livros infantis com portas secretas, principalmente daquele de Josephine Siebe, *Kasperle no castelo Himmelhoch*, em que é possível abrir uma "portinha secreta" com um cabide giratório e "entrar e sair rapidamente"; depois Kasperle é trancado num porão, e lá também acha uma porta secreta que, em vez de conduzir para fora, leva a uma adega, e Kasperle bebe todo o vinho predileto de Herzog.

Se eu sobreviver a isto tudo, pensou ele algumas vezes no porão, vou escrever algo sobre esta experiência, começando com uma citação do *Kasperle no castelo Himmelhoch*. E depois vou escrever algo sobre as fantasias dos aprisionados. E sobre esse ponto no reboco. Mas como vou descrevê-lo? "Meia-lua" não é, pois é muito arredondado para ser uma meia-lua; parece mais um *croissant* de baunilha, desses que se comem no Natal (mas será que esse doce e essa forma que estou imaginando são bastante conhecidos? Além disso, esses *croissants* de baunilha são mais arredondados ainda). Não parece aquele... – como é mesmo que se chama? –, aquilo que se prega sob o bico dos sapatos para reforçar e que depois pode estalar no assoalho de forma tão desagradável – não parece?

Esses pensamentos vieram-me à mente quando precisei me lembrar do ponto no reboco, e ele estava ali, no chamado arquivo mental. Depois de registrado o depoimento, ao olhar mais um pouco ao meu redor, percebi quanta coisa ele poderia ter memorizado se naquela ocasião isso lhe tivesse passado pela cabeça. Mas a meia-lua arredondada tinha sido suficiente. Olhei novamente ao redor e continuei: que lugar mais banal! Como é que esse porão tão comum, com duas tomadas duplas, uma lâmpada no teto e um aquecedor com termostato ao lado da porta podia realmente combinar com trinta e três dias? Abalava-me essa discrepância subitamente física e voltei-me novamente. Precisava reconhecer algo nas paredes além das marcas e da meia-lua arredondada, como uma escrita diabólica, tudo, menos essa banalidade do porão, e na frente está o aquecimento central, e logo ao lado dá para lavar as mãos. Porém, nada. Saí. Do lado de fora, o início do verão. Quando o trouxeram para cá, todo amarrado, era dia 25 de março, e o pequeno lago na frente da sua casa ainda estava congelado.

Na verdade, ele queria ter ido aos EUA, a St. Louis, para um congresso sobre literatura alemã do pós-guerra. Lá deveria ter proferido uma palestra, que estava sendo preparada. O último texto, que ele havia terminado poucos dias antes do seqüestro, fora um editorial para um caderno do *Mittelweg 36*, a revista do Instituto de Hamburgo para Pesquisa Social, cujo tema principal era "traumatização". O texto dizia:

"'Após fortes abalos mecânicos, colisões de trens e outros, com acidentes envolvendo risco de vida, há muito tempo foi descrito um estado que mais tarde recebeu o nome de neurose traumática.

A terrível guerra, ocorrida há pouco, fez surgir um grande número de doenças como essas...' Nos sonhos das pessoas gravemente traumatizadas afloravam então os fatos que desencadeavam o trauma, reproduzindo os seus medos. Um diagnóstico que não parecia compatível com o princípio do prazer que domina o sonho. Esse vínculo forçado com o fato traumático é diferente daquilo que normalmente chamamos de 'lembrança'. Mesmo na terapia psicanalítica convencional, segundo Freud, seria comum, sempre que necessário, 'resgatar o sentimento reprimido como uma experiência presente, em vez de recordá-lo como uma parte do passado, como preferem os médicos'.

Quanto a isso, cabe considerar uma referência ao núcleo traumático de cada neurose, mas aqui também a diferença se mostra em relação à traumatização extrema. Se o fato de reviver o que está reprimido é para o, *sit venia verbo*, neurótico normal parte do processo de recuperação, quem está muito traumatizado fica psiquicamente amarrado ao fato traumatizante, que o invade em pesadelos, em dominações repentinas, chamadas de *flashbacks*. Essa presença terrorista do passado vem acompanhada de sua exterritorialidade psíquica, da incapacidade de assimilar o fato, de admiti-lo dentro da própria biografia, de aproximar-se verbalmente dele. A linguagem cotidiana comum, que fala do horror emudecido, do inconcebível e do inimaginável, conhece essa situação, embora, no entanto, empregue-a mais nas moléstias do dia-a-dia.

Estamos aqui tratando de fatos que, em vez de se darem pelo processo psíquico habitual, são representados, de certo modo, na estrutura psíquica, de forma singular. Análises neurobiológicas possibilitaram a reformulação dessas metáforas em vocabulário médico. Em situações extremas de estresse, pode ocorrer que as sensações não cheguem àquelas partes cerebrais, responsáveis pela sua divisão semântica como condição prévia para o seu registro na memória normal. Não obstante, essas sensações são conservadas e podem ser atualizadas – por exemplo com uma carga de estresse renovada, mas freqüentemente bem menor. Por isso, sua verbalização não é suficientemente possível, porque a comunicação com a área do cérebro relacionada à linguagem é igualmente afetada.

Essa concomitância de presença assustadora com estranheza é o modelo de um gênero literário clássico. Subentendem-se as histórias de fantasmas. Elas existem em duas variantes. Numa, o fantasma é um ser que desaparece ('que é libertado') ao ser reconhecido, ao pagar um pecado antigo ou qualquer outra coisa. Na outra, que geralmente tende para histórias de terror banais, não dá para vencer o fantasma. Pela regra, ele deve ser violento e exterminado. No primeiro caso, geralmente surge no final algo como o restabelecimento da harmonia; no último, mesmo se houver final feliz, a sombra do mal permanece. A divisão do mundo em duas partes, uma mais ou menos em bom estado, e a outra, que irrompe da primeira, é comum a ambos os tipos."

É interessante observar em que medida um pensamento pode ser explícito, antes mesmo de se perceber o que ele significa.

Ao aproximar-se da sua casa, ele ouviu um ruído vindo das azaléias que cresciam do lado direito da entrada. Era comum haver ratos e aves entre os arbustos, e também gatos e doninhas, que sabiam poder encontrar ali aves e ratos. O ruído era muito forte. Pensou: "É mais barulhento que um gato." Esse pensamento veio pronto, como se tivesse sido impresso – como se ele o tivesse achado em sua mente e o estivesse lendo naquele momento: "É mais barulhento que um gato!", e também a transformação em: "É maior que um gato!" estava pronta para ser pronunciada. Aquilo que estava se mexendo entre as azaléias e fazendo mais barulho que um gato, fosse o que fosse, não era dali. Se ele fosse um selvagem, ao perceber o barulho teria logo pulado para trás e escapado imediatamente, sem ficar elaborando um pensamento. E, assim, a única coisa que resta é a lembrança dessa frase estranhamente sem nexo, que podia terminar de se formular com toda a tranqüilidade em sua mente: "É maior que um gato!"

Não sei como devo exprimir seu medo em palavras. O que aconteceu foi tão convencional, tão parecido com um desses esquemas já vistos uma centena de vezes em encenações de TV, quanto foi igualmente irreal e inacreditável. As azaléias, de onde vinha o ruído, cresciam por cima de um muro de mais de um metro de altura, à direita da entrada, e de lá saiu (ou será que pulou? Não, parecia muito mais lento que um pulo) um homem mascarado, partiu para cima dele, quase à sua frente. Reemtsma disse claramente a si mesmo, como havia feito antes: "Agora aconteceu", e não sabia direito *o que* era. Afinal, o que aquele instante poderia realmente significar?

Um ladrão que queria obrigar o dono da casa a abrir a porta e depois o cofre (que não existia)? Quem o estava atacando? O homem que estava diante dele era alto, tinha os ombros largos, era mais ou menos da sua altura, talvez um pouco mais – não sei direito, até agora só consigo ver uma máscara preta diante de mim, que só deixava ver os olhos, parecida com a que os os terroristas usavam no filme *Jogos patrióticos*, de Harrison Ford.

Os últimos metros em frente à porta da sua casa eram como uma armadilha. A entrada era estreita; à direita e à esquerda, muros que chegavam até a cintura; à esquerda, atrás do muro, havia um declive que se estendia por dois metros; à direita, as azaléias. Ele teria de ser muito hábil, ágil e ter muita presença de espírito para se salvar com um salto para a esquerda, e ele não era nada disso. Dar meia-volta e escapar era impossível. Ele atacou.

Já havia pensado muitas vezes nisso. O que fazer se alguém me agredir? Provavelmente sempre serei em número menor. Da última vez, peguei-me com doze no pátio da escola. Só consigo vencer ou sair ileso de alguma forma quando provoco naquele que me agrediu mais dores ou mais medo do que ele esperava. Como não dispunha de nenhuma experiência de autodefesa, suas idéias eram pura teoria: quem o agredir vai precisar das duas mãos e não vai conseguir proteger o próprio rosto. Se eu conseguir machucar os olhos do agressor, talvez tenha alguma chance. Sendo assim, ele investiu contra o agressor, tentando apertar os olhos do mascarado com os dois polegares e deter o impulso e, em vez de ceder, usá-lo para deixar o adversário realmente sem chance de combater, para machucá-lo, feri-lo – quanto mais doloroso, melhor.

Acho que o mascarado gritou, estou bastante seguro de que o agredido também berrou, mas talvez tudo tenha se passado em total silêncio. Seu polegar direito foi parar no olho esquerdo do mascarado e ficou preso na máscara, bem próximo à pálpebra inferior. Talvez o escrúpulo de apertar o olho do agressor tenha sido forte demais, ou talvez tenha sido simplesmente o golpe em sua cabeça que o abateu e o impediu de agir. Ele caiu sobre os joelhos, os óculos foram lançados sobre as pedras (e, com o barulho, o intelectual não pensou duas vezes antes de se entregar). Alguém (um outro homem tinha saído dentre as azaléias, ele tinha certeza, embora não o tivesse visto) pegou sua cabeça e bateu-a contra o muro.

Ao falar sobre esses primeiros segundos com aquele seqüestrador, com o qual ele iria conversar de vez em quando nos trinta e três dias que se seguiriam – e, aliás, iriam conversar em inglês, por isso ele o chamava secretamente de "inglês" –, o seqüestrador disse descontraidamente: *"Well, now I can tell you, normally you would have made a deadly mistake. You tore his mask and you saw his face."*[1] Ele não conseguia se lembrar desse fato,

---

1. "Bem, agora eu posso lhe contar. Normalmente, você teria cometido um erro fatal. Você rasgou a máscara dele e viu seu rosto."

inclusive afirmou isso na conversa, e o seqüestrador, um *expert* bem frio, respondeu que aquilo não tinha mais importância: *"People under shock don't remember things precisely, and he's far away now."*[2] Não sei se o inglês ainda acrescentou que o agressor tinha sido contratado apenas para fazer aquele trabalho, ou se foi essa a conclusão que ele tirou da informação naquele momento.

Eram mais ou menos 20h30. Deveria ter sido uma noite curta, tranqüila.

No dia seguinte, ele queria terminar de preparar sua palestra e sentar-se à escrivaninha às 19h30. Tinha a intenção de ir cedo para a cama. Bebeu uma garrafa de vinho tinto para conseguir pegar no sono. Naquele momento, só queria buscar um livro. Será que foi só porque bebeu uma garrafa de vinho antes que tentou se defender? O inglês parecia acreditar que sim. Em todo caso, foi o que disse mais tarde ao seqüestrado. Mas isso só parece indicar que a sua reação não era esperada pelos seqüestradores. Ele reagiu porque não podia ignorar suas chances – pressupondo-se que tivesse alguma – e, com isso, fez exatamente o que qualquer um faria num momento como aquele. Vista de longe, sua tentativa de defesa foi não apenas extremamente arriscada, mas também ridícula. Se tivesse se rendido logo, teria sido poupado de um nariz quebrado e de alguns dentes danificados. Mesmo assim, não lamento que ele tenha se defendido, pelo contrário. Ele não se entregou simplesmente, diante de sua casa, a pessoas que pensam que ele iria desistir só ao ver uma máscara preta. Ele tentou ferir o agressor. Mas não deu certo, e isso eu lamento.

Além disso, ele estragou a imagem que os criminosos queriam transmitir de um seqüestro limpo, ou, por

2. "Pessoas em estado de choque não se lembram direito das coisas, e, a essa altura, ele já está bem longe daqui."

assim dizer, de um seqüestro de negócios. A imensa poça de sangue diante da porta da sua casa contraria, por si só, a frase que mais tarde seria pronunciada várias vezes: *"It's just business."*[3] E alguém – por via das dúvidas, o inglês – estava querendo colocar a culpa nele: se tivesse saído conforme planejamos e o senhor tivesse colaborado, não teria sido necessário quebrar seu nariz.

Será que já estavam antecipando a argumentação do advogado de defesa? Uma argumentação pérfida, no fundo até perversa: um crime passa despercebido por suas variantes mais cruéis, e todas as diferenças podem ser classificadas como "menores", como atenuantes. E se o crime não corresponder ao ideal de recompensa prometida, os outros é que são culpados. Trinta e três dias acorrentado no porão? Isso mesmo, a polícia é que deveria ter se contido mais, e os portadores do dinheiro deveriam ter sido mais eficientes. Mas pelo menos de uma coisa os que o espancaram assumiam a culpa: era só ele não ter reagido!

Quando bateram sua cabeça contra a parede, viu um relâmpago cintilante, como o desenho de uma explosão numa história em quadrinhos, feito em forma de estrela, com várias pontas, colorido, reluzente, nem um pouco ofuscante. Nenhuma dor. Não se admirou com isso. Lembrou-se de uma frase que leu uma vez num livro de Jean Améry: "O golpe age como sua própria anestesia." O que o surpreendeu foi o fato de não terem batido sua cabeça com mais força contra a parede. Eles poderiam ter esmigalhado seu crânio. Depois do golpe na cabeça, sua tensão muscular diminuiu, seus reflexos de defesa desapareceram. É claro que ninguém queria matá-lo, apenas transformá-lo num objeto vivo de troca, mas até aquele momento ele ainda não sabia disso. "Eles

3. "Trata-se apenas de negócios."

poderiam ter batido com mais força", era assim que soava em sua cabeça a próxima frase, que ele teve de registrar já meio desnorteado.

Foi levantado, ouviu: "Você, não reaja, não aconteceu nada!"; um deles balbuciou: "Tudo bem, tudo bem, o que querem?!", e já foram logo passando uma fita adesiva em volta da sua cabeça para vendar seus olhos (aliás, não vendaram muito bem, pois ele conseguia olhar para baixo. Se fosse a brincadeira da panela – aquela em que a criança, com os olhos vendados, tem de achar a panela no chão com a recompensa e depois bater nela com uma colher –, ele teria ganhado todos os prêmios).

Passaram a fita adesiva também em sua boca. Ele não conseguia mais respirar. Depois do golpe contra o muro, seu nariz inchou em poucos segundos. Ele não se deu totalmente conta disso. Só mais tarde percebeu que tinham-no arrancado da sua própria vida. Isso depois de muitos dias, até seu nariz desinchar, o que, aliás, para ele, antes de ser um problema, era muito mais um testemunho, vivenciado fisicamente, daquele fato tão abstrato. Mas, naquele momento, ele simplesmente teve medo de se sufocar, tentou um apelo "(Não consigo) respirar! Respirar!", até que alguém, com o dedo numa luva, abriu sua boca, fazendo um orifício entre o lábio inferior e a fita adesiva, permitindo-lhe respirar. Algemaram-no com as mãos atrás das costas.

Uma semana após sua libertação – bem longe de Hamburgo –, tentei, por escrito, reconstituir essa cena, e o fiz mais ou menos como se pode ler aqui. Depois continuei da seguinte forma: "Tudo isso já está tão distante. Momentos que a expressão 'inesquecível' ainda acompanha, como aqueles das férias dos quais nem nos lembramos mais, quando um *slide* os mostra com clareza. Não conheço mais meus sentimentos. Mas ainda conheço as frases que estiveram na minha cabeça, e não quero deixar de aproveitá-las como ferramentas para a reconstrução. Dessa vez não foi uma frase, que aflorou involuntariamente, mas algo que eu disse conscientemente para mim mesmo: 'Isso é o que está acontecendo agora', e: 'Isso é a realidade!' Disse-me isso com convicção, em silêncio, porque eu naturalmente não podia, não queria acreditar.

AQUILO não podia acontecer. AQUILO (fosse o que fosse ao se manifestar) não era algo que deveria ter sido encarado como uma particularidade identificável, não era qualquer coisa, era AQUILO, e a única coisa que eu sabia era que AQUILO não deveria nunca estar em parte alguma, não deveria, nem poderia ter estado em parte alguma. Estava simplesmente ali e, quanto mais real fosse sua presença, mais eu tinha de me convencer de que AQUILO é que era a realidade, a realidade e nada além disso – mesmo quando fui jogado contra o muro, arrastado pelo jardim e empurrado para dentro do carro –, e principalmente de que, naquele momento, nada mais era real para mim." Quanto a isso, deve-se corrigir o fato de que o retorno ao local do crime – a porta da casa, as azaléias, o sangue infiltrado na pedra, que nem a chuva forte conseguiu lavar – tornou a esclarecer os sentimentos. O barulho de um cachorro no arbusto, por um breve momento, traz más lembranças a quem o ouve.

Como já mencionado, os olhos não tinham sido bem vendados. Ele conseguia olhar para baixo e, como o caminho era uma descida, conseguia também ver o que estava à sua frente. Viu que os que iam adiante carregavam algo que ele teria chamado de "pistola automática", mas que o especialista chama de "Kalaschnikow" e de "fuzil", como tive de aprender mais tarde. Até o Kalaschnikow, como era de esperar, parecia irreal. Um acessório do figurino de um filme, justamente porque é assim que a forma desse objeto é conhecida. Só depois de cinco semanas é que fiquei espantado com a ousadia dos seqüestradores. Não eram nem nove da noite quando o conduziram amarrado, empunhando o Kalaschnikow, passando não apenas pelo jardim de sua casa, mas também saindo dali por uma porta destrancada, depois passando por um parque num horário em que se vêem transeuntes de todo tipo, como pessoas dando um passeio noturno com seus cachorros, tudo diferente do que teria sido improvável.

Mas ninguém viu os três. Sem parar, mas também sem correr, fizeram o caminho entre as duas casas, um trecho que geralmente leva de cinco a oito minutos para ser percorrido. O homem com o Kalaschnikow ia na frente, o outro conduzia o seqüestrado pelo braço direito, segurando suas mãos amarradas atrás das costas. Não o empurravam para a frente. Ele fazia de tudo para caminhar como se não estivesse enxergando nada. Quando tropeçava, ninguém retrucava com uma ordem imaginável, como “Mais rápido, anda!”, nem ficava puxando as algemas impacientemente.

Por não puxarem as algemas ele ficou muito agradecido. É que elas estavam ferindo seus pulsos e causando muita dor, principalmente na mão esquerda. Não há nenhum motivo para achar que foi proposital. Na pressa do ataque, as algemas foram colocadas de forma errada. Elas apertavam bem acima do pulso direito, no cúbito e no rádio. Arranharam de um lado até sangrar e, do outro, comprimiram um nervo, fazendo com que seu polegar e o tênar direitos ficassem insensíveis por muitos meses. Durante a ida ao cativeiro, ele pediu várias vezes para que afrouxassem as algemas, mas não deram importância ou então não entenderam.

No caminho, ficou pensando que tipo de ataque poderia ser aquele – uma tentativa de extorquir dinheiro para o resgate, algo político, ou seria uma combinação dos dois motivos? Logo considerou a possibilidade de um assassinato planejado por uma organização clandestina. O instituto que havia fundado há mais de dez anos e do qual era diretor virou notícia ao servir de local para uma exposição sobre os criminosos do exército alemão, desencadeando com isso controvérsias politicamente motivadas.

Na imprensa de extrema direita, falou-se em "ovelha negra". Reemtsma e seus funcionários receberam cartas dizendo que o instituto tinha manchado a honra dos soldados alemães. Mas o modo como ele tinha sido atacado e seqüestrado não combinava com esse episódio político. Poderiam simplesmente ter atirado nele na frente da sua casa. Se quisessem, por exemplo, fazê-lo participar de um ritual, tendo como conseqüência a sentença de morte, teriam agido de forma mais violenta.

Ficaram parados. Estavam na parte mais alta da rua, que daquele ponto do rio Elba conduzia para fora da montanha. Pensou que quisessem deixar passar o carro que ele tinha ouvido se aproximar, mas o carro parou. Alguns metros abaixo da encosta e já estavam na rua. Ele teve de entrar no carro por uma porta traseira ou do porta-malas e deitar-se. Depois disso, foram embora.

Conseguiu ver algo. Era uma Kombi, um pouco como um furgão pequeno, cinza-claro, pelo que consigo lembrar; a placa amarela com os números em preto, as duas primeiras letras, FV ou VF. "Vir ferox" era a sua mnemônica; poucas horas antes, ele havia estudado o vocabulário latino com seu filho.

Algo que ele não conseguia identificar foi jogado embaixo de sua cabeça. Era como uma manta envolta num plástico, talvez até uma barraca de camping enrolada. Ou até mesmo a coxa de um dos três – mas isso era improvável. Eram, portanto, três, e ele presumiu que todos estivessem no carro, embora, é claro, não tivesse como se certificar.

Um deles fumava, provavelmente aliviado por essa parte do plano ter sido bem sucedida. Após alguns minutos, ocorreu-lhe que devia memorizar o trecho que estavam percorrendo. Pelo menos era assim que faziam nos filmes. Os seqüestrados sempre memorizavam o caminho. Mas, dessa vez, eles já tinham percorrido dois, três quilômetros, e faltava o ponto de partida, do qual ele poderia ter reconstruído o trajeto, caso conseguisse fazer isso de alguma forma. Os pensamentos giravam em sua cabeça, e ele sempre tinha de dizer a si mesmo: esta é a realidade, está acontecendo de verdade. O medo foi substituído por um vago desespero, ao pensar que sua mulher talvez saísse para procurá-lo no meio da noite. Quando ela suspeitaria de alguma coisa? Quando a suspeita se tornaria uma certeza? Como contaria ao nosso filho? E esses pensamentos eram sempre reprimidos pelas dores agudas no pulso da mão direita e no corpo, causadas pela posição fetal em que se encontrava. Em certo momento, tentou virar-se; ninguém reclamou. Foi assim que, duas, três vezes durante a viagem, transferiu as dores para outras partes do corpo. Apenas a dor no pulso direito não se deixou acalmar.

Não é fácil medir o tempo numa situação como essa. Até lhe tiraram o relógio quando chegaram, para que ele perdesse a noção das horas. E ele a perdeu logo depois, mas é claro que, ao fim da viagem – independentemente de sua noção posterior de espaço temporal –, ele percebeu quanto ela havia durado. Com certeza durou mais de meia hora, pouco menos de uma hora. Mais tarde foi constatado que essa lembrança tinha sido imprecisa.

Em estado de choque, não percebeu direito a primeira fase da viagem até o acesso rodoviário, e ela não foi levada em conta no seu cálculo temporal. Quanto à segunda fase, achou que tivesse demorado menos. No total, eles ficaram cerca de uma hora e meia na rua. Posteriormente ele leu que pessoas com medo, trancadas ou soterradas em algum lugar sem poder se mexer, tendem a subestimar o tempo que são obrigadas a passar não importa onde. Como, de uma maneira ou de outra, cada minuto lhes parece uma hora, encurtam inconscientemente o tempo em sua memória de forma excessiva. Quase não demoraram – ou será que não demoraram nada? Não sei mais. Não conseguia distinguir luzes nem mudanças de iluminação. Havia luz no carro, se é que ele conseguiu ver ou adivinhar algo direito, e a iluminação constante fez com que concluísse que a parte traseira do automóvel não possuía pára-brisa ou que este era revestido.

Passaram a maior parte do tempo numa rodovia. Houve um momento em que quase duvidou de seu próprio juízo: teve a impressão de que não era o carro que se locomovia e, sim, um trem que o levava em seu vagão. Um barulho constante, como o dos dormentes de um trilho, impingiu-lhe a idéia de uma viagem de trem. Ele fez força para admitir que aquilo não podia ser verdade: se o carro tivesse sido embarcado no vagão de um trem, ele teria percebido. Alguns dias depois, lembrou que certas estradas com revestimentos mais antigos podem ocasionar ruídos semelhantes. Existem revestimentos desse tipo – achou que estivesse se lembrando – na rodovia Hamburgo–Bremen, mas, nesse caso, teriam passado pelo túnel sob o rio Elba, e ele deveria ter percebido as variações de som relacionadas a essa passagem. (Eles haviam mesmo passado pelo túnel sob o Elba. O revestimento da estrada que havia produzido aquele ruído estava logo após o túnel.)

Saída rodoviária. Um trecho de estrada municipal, pelo que pôde perceber, depois um caminho – a luz se apagou. Parada. A porta foi aberta, fizeram-no descer.

Algum comando como "Saia!" ou "Desça!"? Não consigo me lembrar. Entraram numa casa, um degrau acima. Um cômodo iluminado, uma porta, uma escada para baixo. Degraus de madeira. Fechou os olhos. Tinha medo. Alguém podia perceber que ele estava conseguindo enxergar algo se ele pisasse com firmeza ou antecipasse as mudanças de direção. Metade da escada era em caracol. Fingiu que não percebeu e deixou-se conduzir. Uma porta. Um cômodo. Abriu novamente os olhos e viu um colchão no chão, uma corrente presa na parede. As algemas foram abertas e retiradas. Tiraram-lhe o casaco, o pulôver, a camisa e a calça. Ele viu um dos que ainda estavam mascarados: baixo, cabelos loiros que sobressaíam por baixo da borda da máscara. Deixaram-no ficar com a cueca. Observou que não tinham a intenção de humilhá-lo e ficou aliviado. Tiraram-lhe os sapatos, mas pôde ficar com as meias. Pegaram o relógio e os óculos de leitura com o estojo. Vestiram-no rapidamente com algo semelhante a um pulôver e uma calça – mais tarde reparou que se tratava de um conjunto de moletom cinza com estampa vermelha. Ele teve de se sentar numa cadeira; a corrente foi amarrada em volta do seu tornozelo direito e fechada com um cadeado.

Um deles tirou a fita adesiva da sua boca e soltou um pouco a dos olhos. Deram-lhe a entender que ele poderia tirar tudo quando estivesse sozinho. Não consigo mais me lembrar exatamente das palavras, apenas de algo como: "Você, não reagir! Reagir máfia." Se com isso queriam fazê-lo compreender que qualquer forma de resistência seria inútil, pois ele se encontrava nas mãos da (de uma?) máfia, ou porque só nos filmes ruins sobre a máfia uma vítima reagiria em tal situação, nem mesmo naquele momento ele era capaz de dizer, e também mal conseguia identificar o modo de falar desagradavelmente aforístico e o sotaque. Talvez a genérica direção geográfica "Leste europeu" lhe parecesse uma suposição admissível, mas essa suspeita também poderia ter sido determinada pelos *slogans* jornalísticos, como o da "máfia russa".

A porta foi fechada. Tirou a fita adesiva da cabeça, olhou-se: a mão esquerda cheia de sangue (primeiro, pensou nas algemas, mas o sangue era mesmo do seu rosto); no pé direito, a corrente. Olhou ao redor: um cômodo rebocado de branco, de aproximadamente três metros por quatro, teto baixo, mal passava de dois metros de altura, um verdadeiro porão; duas janelas, revestidas de chapas de compensado; uma mesa, uma cadeira, ambas de plástico, de cor azul-escura acinzentada; um colchão de espuma com roupa de cama (azul-clara); um banheiro, desses que podem ser encontrados nos *campings*; um cesto de lixo; uma banheira de plástico com água; ao lado da porta, um aquecedor, revestido de uma chapa de compensado. Recortada na porta, logo acima do chão, uma fenda de uns trinta centímetros de comprimento, através da qual algum ventilador invisível, mas acusticamente perceptível, assoprava ar no cômodo. No teto, apenas uma lâmpada que não acendia.

Sobre a mesa, garrafas d'água ("Evian"); duas lanternas, sendo uma delas a única fonte de luz; pratos de papel, talheres de plástico, uma esponja sintética, escova e pasta de dente (da marca "Perlweiz"), sabonete ("Fa", "o frescor selvagem", passou inoportunamente por sua cabeça), papel higiênico. Papel sulfite, uma esferográfica, uma folha datilografada; além disso, uma instrução sobre o uso do banheiro. Um dos seus pares de óculos foi arrancado de sua cabeça e seus óculos de leitura ficaram com os seqüestradores. Ele mal conseguia ler as instruções. A que explicava como usar o banheiro, então, não conseguiu nem ler.

A instrução dos seqüestradores estava escrita em letra maiúscula de máquina de escrever elétrica, provavelmente do tipo margarida. Ele quase decorou o texto ao pé da letra, inclusive os erros de ortografia mais evidentes:

SEQÜESTRAMOS O SR. E EXIGIMOS
UM RESGATE DE
20.000.000
PARA LIBERTÁ-LO
QUANTO MAIS COLABORAR CONOSCO
MAIS DEPRESSA SERÁ LIBERTADO
NÃO TENTE FUGIR JÁ QUE NÃO FAZ
SENTIDO E SÓ TORNARIA SUAS CONDIÇÕES
NO CATIVEIRO INSUPORTÁVEIS
ESCREVA OS NOMES E TELEFONES
QUE SÃO IMPORTANTES PARA NÓS
    PARENTES
    PORTEIROS
    ADMINISTRADORES DE BENS
O SR. RECEBERÁ COMIDA DE MANHÃ E À NOITE
DEPOIS PODERÁ MANIFESTAR POR ESCRITO
INFORMAÇÕES E PEDIDOS
CORTAMOS A LUZ
PARA EVITAR UM SUICÍDIO
QUANDO BATERMOS À PORTA
DEITE DE BARRIGA PARA BAIXO COM
A CABEÇA VIRADA PARA O COLCHÃO!!!
USE O BANHEIRO APENAS
PARA EVACUAR!!!

Era mais ou menos isso o que diziam as instruções. Os pontos de exclamação, se bem me lembro, estavam distribuídos de forma irregular, mas as duas últimas frases estavam exatamente como acima. Aliás, não havia mais nenhum sinal de pontuação. Sem os óculos, ele só conseguia ler e adivinhar as frases pela metade. Porém, em primeiro lugar, foi se lavar; a água estava morna e logo ficou avermelhada. Não imaginava que estivesse tão sujo de sangue.

Tinha um medo horrível e, ao mesmo tempo, estava aliviado. AQUILO tinha acontecido, mas só naquele momento ele soube o que era AQUILO. Um seqüestro. Sua vida estava ameaçada, mas ele tinha uma chance de sobreviver. Pelo menos por enquanto eles o deixariam viver. Precisavam de informações sobre ele, iriam usá-lo como remetente de cartas, como alguém cuja existência tivesse sempre de ser comprovada. Os seqüestradores pareciam saber o que estavam fazendo. Uma fuga era certamente impossível; entretanto, tinham tomado as providências para que ele tivesse ar puro naquele porão, e também água. Por enquanto não queriam privá-lo de higiene. A quantia do resgate também falava pelos criminosos, que agiam sistematicamente. Após o seqüestro de Richard Oetker, Reemtsma havia lido que uma quantia superior a vinte milhões em notas de mil marcos alemães causaria problemas de transporte.

Porém, quando o seu seqüestro seria notado?

Qual era realmente a sua chance de sobreviver ÀQUILO? Profissionalismo criminal definitivamente não significa estar longe do assassinato. Naquele momento, ele valia vinte milhões de marcos. Se tudo corresse conforme o plano dos seqüestradores, em breve ele não teria nenhum valor e, quando muito, possivelmente seria uma testemunha perigosa. De qualquer forma, quanto tempo aquilo iria durar? Se o libertassem em algum momento, em que estado psíquico e mental ele se encontraria? Ele ainda deveria conhecer essas rajadas de sentimento, aprender a viver mais dentro delas do que com elas, mas naquela hora tudo estava muito desordenado, caótico demais, e também tão irreal, que ele sempre tinha de dizer a si mesmo que aquela era A REALIDADE e que certamente não era a brincadeira de uma equipe de TV, que de repente iria entrar e gritar "Surpresa!" Por outro lado, a realidade poderia ter lhe preparado algo diferente.

Ele já poderia estar morto. Poderia ter caído nas mãos de sádicos, que sentissem prazer em torturá-lo além de qualquer interesse financeiro por ele. TUDO poderia ter sido possível. Poderiam ter amarrado suas mãos e seus pés. Poderiam deixá-lo no escuro. Ele tinha luz. Pôde ficar com a cueca. O tom da notícia continha ameaças, mas era objetivo, e a promessa de mudança da situação da prisão fazia-o esperar que as condições encontradas fossem mantidas, para que a ameaça, que ele levou a sério e que nem em sonho quis testar com a intenção de torná-la real, também fosse mantida. Sentou-se e escreveu o nome e os telefones de sua mulher e do seu próprio escritório.

Em seguida, numa folha separada, escreveu que precisava dos seus óculos de leitura, que só tinha conseguido ler as informações com muito esforço e que nem tinha conseguido ler as instruções sobre o uso do banheiro. Também escreveu (nem sei mais) um pedido para lhe darem algo para ler.

Talvez já fossem onze horas da noite. Em algum momento ele deveria dormir. O que ia acontecer no dia seguinte, como seria o dia seguinte, haveria dia seguinte? – e assim por diante. Ele não conseguiu se deitar como o previsto, pois a corrente era muito curta. Colocou então o travesseiro na outra extremidade do colchão.

Ficou pensando em sua mulher. Quando será que ela perceberia que havia algo errado, que ele não estava mais lá? Ele tinha dito que voltaria logo, mas às vezes acontecia de passar a noite no escritório. Tentou concentrar seu pensamento: "Vá até lá! Vá até lá!" O que ela encontraria na frente da casa? Os óculos? Ou será que os seqüestradores o haviam apanhado? Isso seria um sinal de cautela e profissionalismo. Na verdade, é o que ele desejava. Mas se sua mulher achasse os óculos diante da casa, ela logo entenderia. Como contaria ao seu filho?

Reemtsma decidiu não chorar. Ele bem que gostaria de tê-lo feito, mas ficou preocupado em, de alguma forma, ser levado pelas próprias lágrimas, sem conseguir mais recuperar o sangue-frio necessário. Não tinha a menor idéia do que seria ser capaz de fazer. De fato, não se sentia capaz de muita coisa. Nunca se sentiu um herói e sabia que não seria um. Se tudo corresse bem, também não teria opção entre ser um herói ou um covarde. (Ele ainda não sabia como um pouco de heroísmo – mesmo que imaginário – pode fazer bem a alguém, ou quão desmoralizante pode ser a persistência em permanecer na total passividade.)

De repente ocorreu-lhe que ele não tinha a menor idéia de onde estava. Não sabia nem para qual ponto cardeal tinham se dirigido. Quando ocorre uma coisa dessas, de alguém não saber direito em que parte do país se encontra? Todos que fossem pensar nele em breve não poderiam associar esse pensamento a lugar nenhum. Reemtsma simplesmente tinha desaparecido. Desaparecido. Quando seu filho ainda era pequeno, em vez de dizer "cair", dizia "sumir". E era sempre muito impressionante: "Ah, sumiu!" Dessa vez era ele, o pai, que tinha sumido de alguma forma. Pior que o medo constante da morte, esta sensação foi o que predominou naqueles trinta e três dias: ter sumido do mundo de algum modo. Para aquilo que outras pessoas precisaram vivenciar, escolhi várias vezes a metáfora "cair do mundo", e naquele momento ele estava aprendendo, de um modo desagradavelmente espontâneo, que essa metáfora continha exatamente a sensação que, a partir de então, o acometeria o tempo todo. Deparei-me com essa metáfora pela primeira vez no ensaio de Sigmund Freud sobre *O mal-estar da civilização*, no trecho em que ele fala da sensação de estar seguramente suspenso no mundo, que muita gente conhece e diz ser uma das maiores experiências de felicidade possíveis, uma "sensação oceânica". "Eu mesmo", escreve Freud, "não consigo descobrir essa sensação 'oceânica' dentro de mim"; portanto, não lhe restava outra alternativa a não ser "ater-se ao conteúdo imaginário, que se associa mais facilmente à sensação.

Se bem entendi o que meu amigo quis dizer [nesse trecho, Freud refere-se a uma carta que recebeu], ele pensa o mesmo que um poeta original e bem extravagante atribui a seu herói como consolo pela morte escolhida: 'Não podemos cair deste mundo.' Portanto, trata-se de uma sensação de solidariedade indissolúvel, do espírito de solidariedade com tudo o que está fora do mundo." A citação dentro da citação vem do *Hannibal*, de Grabbes, e diz exatamente o seguinte: "Isso mesmo, do mundo não cairemos, uma vez que já estamos dentro dele." Mas acredito que se trate de uma daquelas citações inconstantes, que no fundo não têm origem individual, pois a sensação formulada com elas, ou, nesse caso, digamos de uma forma ainda melhor: pois o desejo expresso nessa sensação é ubiqüitário, e a metáfora, de certo modo, é estimulada por ela. Isso também se encontra num livro infantil que li várias vezes para meu filho, *O travesso Joãozinho e seu cachorro*, de Barbro Lindgren-Enskog. O texto em alemão é de James Krüss, e Reemtsma lembrou-se dele no porão. O travesso Joãozinho voa sobre seu cachorro de pelúcia pelo universo, junto com todos os seus outros bichos de pelúcia: "Mas, quando decola do chão,/o rato, coitado, cai do seu avião./ Os outros clamam, perguntam: 'O que se pode fazer?/ Será que ele vai se perder?'/Então o travesso Joãozinho diz:/'Esse ratinho simpático e rechonchudo/nunca consegue se segurar./Talvez tenha sido do cachorro que ele veio a despencar./Acalmem-se e esperem,/até que ele chegue ao fundo./Pois ninguém cai no nada./E NADA CAI

FORA DO MUNDO!'" As consolações desse mundo são moldes em que os medos são conservados. De repente, ele tinha caído do mundo. Ou melhor: foi colocado fora dele.

Adormeceu.

Posteriormente, chegou a passar noites inteiras acordado, mas naquela primeira noite adormeceu logo: exaustão e o desejo de esquecer sua situação. "Uma mistura de medo e cansaço é o mais forte sonífero", li tempos depois num livro de Louis Begley. É verdade. Não me lembro de ele ter sonhado. Nas noites seguintes, teve alguns sonhos, quase todos bons. Nenhum retratava o que tinha acontecido. Um deles tinha um seqüestro como tema, porém ele podia fugir e ainda libertar outras pessoas. Nenhum triunfalismo nesse sonho, apenas uma tranqüila transposição do desejo. Seu inconsciente estava sendo bom com ele, assim como seu corpo. Ele não se resfriava, apesar de o ventilador estar sempre assoprando em sua cabeça pela fenda aberta sob a porta, quando se deitava sobre o colchão. Dispunha a banheira de tal forma que ela se tornava uma espécie de regulador da passagem do ar frio. Os acessos de medo causavam apenas leves contrações em seu estômago.

Acordava com freqüência durante a noite. A escuridão naquele local era muito mais intensa do que todas as outras que ele já vira. Era um breu total. Não havia nenhuma fresta por onde pudesse passar o mais ínfimo raio de luz. E era assim que ficava o porão quando ele apagava a luz, fosse dia ou noite. O que ele nunca podia imaginar era que aquela escuridão pudesse lhe tirar o fôlego. Ela podia ser tocada. Não me ocorre outra palavra para defini-la: era espessa. Sentiu dificuldade para respirar, teve a sensação de estar se afogando, a necessidade de se defender. Felizmente tinha deixado uma das lanternas ao seu alcance. Com a luz, o pânico foi embora. Voltou a adormecer; acordou novamente; adormeceu de novo.

No dia seguinte, bateram à porta, e dentro dele tudo se contraiu de medo, mas era apenas o início de um ritual diário que ele iria conhecer: estava deitado como lhe tinha sido ordenado, a cabeça voltada para o colchão, as mãos à direita e à esquerda da cabeça ("posição de quem está para levar um tiro na nuca", pensou), a porta foi aberta, passos, algo foi colocado sobre a mesa, passos, alguém levou a banheira para fora, a porta foi trancada; pouco tempo depois, bateram novamente à porta, a banheira foi trazida e estava cheia de água fresca. E os comunicados que ele tinha escrito foram levados. Nessa primeira vez, ouviu a palavra "óculos!" (soou como se alguém, que não sabe muito bem alemão, a estivesse lendo), e com a banheira foram trazidos também seus dois pares de óculos. E um exemplar da revista *Spiegel*, de segunda-feira.

O que passa pela cabeça de uma pessoa numa hora dessas! Ficou feliz apenas por ter folheado a *Spiegel* de segunda-feira (não teve tempo de lê-la porque teve de preparar sua palestra). Depois, os óculos. Eles o haviam apanhado – portanto ele não tinha deixado nenhuma pista (não sabia da carta dos seqüestradores, da granada, da estátua derrubada, nem de quanto sangue havia perdido). A observação da noite anterior se confirmava: estava nas mãos de pessoas seguras de si mesmas, e, por enquanto, isso era uma vantagem. (Mais tarde verificou-se que a autoconfiança deles era, apenas em parte, uma expressão do seu profissionalismo, a outra parte era expressão de megalomania e de tolice mesmo. Que bom que ele não ficou sabendo de nada disso no seu porão.)

Se essa cronologia dos trinta e três dias precisar de uma ou outra revisão (que, para o leitor, não tem a menor importância), é porque justamente a falta de acontecimentos, interrompida por choques, faz com que seja extremamente difícil dominar cronologicamente o período homogêneo e vazio, em que os estilhaços dos acontecimentos dramáticos, passados nesse ínterim do lado de fora, estão cravados. Ele pediu várias vezes para lhe devolverem o relógio, e foi também por ocasião de um pedido como esse que lhe perguntaram: *"Do you speak English?" – "Yes, of course"*[4], e assim as conversas no porão passaram a ser em inglês. Aos seus ouvidos, a voz do inglês parecia não ter sotaque, não soava como a voz de um alemão falando inglês, talvez de alguém que tivesse vivido muito tempo na Inglaterra. Também não lhe parecia ser de americano. Em algum momento mais tarde, Reemtsma pediu que lhe dessem um aspirador de pó, ou pelo menos uma escova resistente, porque o tapete estava cheio de partículas de poeira, e ele não queria que o porão se deteriorasse, muito menos a sua saúde: *"A vacuum cleaner, or if you haven't got one, a hard brush will do."*[5] O inglês respondeu: *"Tomorrow we'll get you a hoover."*[6] *A hoover. "Very idiomatic"*, teria dito seu professor de inglês. Alguém que fale bem inglês, mas que não possua nenhuma relação idiomática com a língua, teria repetido o *"vacuum cleaner"* dos livros escolares.

E assim essa voz inglesa disse-lhe que o relógio seria devolvido em dois dias: *"You have to lose your sense of time."*[7] Que óbvio! E quantas informações uma frase dessa contém! Em primeiro lugar, a nova confirmação de ter caído no poder de pessoas que, de alguma forma, sabem o que estão fazendo, pelo menos tecnicamente.

---

4. "Fala inglês?" – "Claro."
5. "Um aspirador de pó ou, se não tiver um, uma escova resistente."
6. "Amanhã lhe traremos um aspirador."
7. "Você precisa perder sua noção do tempo."

Isso traz maior tranqüilidade. Em segundo lugar, não era *bem* assim que eles pensavam, porque a perda da noção do tempo só prejudicaria a lembrança do passado, caso esta se conservasse como um mero sentimento e não como uma expressão na memória. Tirar-lhe o relógio não muda em nada a frase memorizada "Levou mais de meia hora e menos de uma hora". (O fato de ele não ter calculado direito o tempo durante seu seqüestro consta em outra passagem.) Em terceiro lugar: a idéia subseqüente de que, se quiserem impedir-me de dar qualquer informação sobre o tempo de viagem, não me matarão. Mas, em quarto lugar: e a volta? *Esse* tempo ele poderia definir, caso lhe restituíssem o relógio mais tarde. Aqui, seus pensamentos ficaram bloqueados. Por que então todo aquela encenação para lhe tirarem o relógio? Parecia-lhe que o único sentido disso era impedi-lo de passar uma eventual informação secreta numa daquelas cartas bem resumidas, ou então de sugerir-lhe que iriam libertá-lo, quando na verdade pretendiam matá-lo, pois, do contrário, jamais teriam lhe devolvido o relógio. Por algum tempo, esse desfecho pareceu plausível. Depois pensou que talvez estivessem querendo confundi-lo quanto ao tempo total de sua permanência no porão; que talvez, depois de passados três dias, lhe dissessem que haviam se passado apenas dois; ou fosse vantagem para eles trocar o dia pela noite, fazendo-o dormir o dia inteiro e trazendo-lhe o café da manhã à noite. Foi então que lhe veio à mente uma explicação bem simples: na volta, vão por um desvio. É estranho não ter lhe ocorrido o que iria acontecer mais tarde.

Um dia antes de sua libertação, tiraram-lhe novamente o relógio e não lhe devolveram quando já estava livre, de forma que ele fez a viagem no porta-malas e o caminho pela floresta com uma noção do tempo prejudicada, pois sabia apenas a hora em que tinha chegado.

É curioso escrever esse tipo de coisa, bem como muitas outras. Sei como a questão do relógio que lhe foi tirado o intrigava, o quanto ele tentava interpretá-la como oráculo sobre sua vida, e não consigo reconstruir nem seus pensamentos nem os sentimentos a ele associados. A única coisa que ainda sei é que ele ficou refletindo durante dias sobre esse problema. Estou diante das tolices histéricas de uma pessoa que eu mesmo fui e que estava com os nervos à flor da pele.

A situação é diferente quando não se tem relógio. Ele iria recebê-lo de volta no dia seguinte, dois dias depois, pelo que disseram, *"but it won't help you much"*[8]. Como se o inglês já soubesse. Talvez ele dissesse isso depois de permanências mais longas em cativeiro. Eu é que sei *o quanto* um relógio ajuda. Divide-se o tempo e, assim, o problema que se está enfrentando, e isso nada mais é do que o tempo iminente. Tudo é dividido em porções. De... até..., faço isso, depois, aquilo. Dá para concentrar esforços e deixar passar horas e horas. Ficar sem relógio é como flutuar num mar feito de tempo, sem avistar sequer uma margem. Não, pior ainda, numa tina, cuja borda é muito alta e não oferece nenhum apoio. Nada-se até não agüentar mais, sabendo que não se chegará a lugar nenhum e que em algum momento a tina afundará.

Por exemplo, o período entre as 17 e as 20 horas era sempre excessivamente longo. Parecia que tinham se passado horas, quando, na verdade, eram apenas quartos de hora.

Sem relógio, por sua vez, teria sido inevitável um pânico excessivo. Com ele, ocorria o fenômeno que fazia o tempo se estender. Estar com relógio não faz com que se tenha domínio do tempo, mas o tempo também não

8. "Mas não vai ajudar muito."

tem domínio nenhum. Torna-se neutro, mundo externo, problema. No fundo, sem relógio não existe tempo, apenas eternidade, dentro da qual se é lançado, e eternidade significa pausa. Talvez as palavras tenham sido difíceis demais para dois dias sem saber as horas, mas vale a pena mencionar o fortalecimento que a impotência real e a total incerteza sofreram com essa retirada banal.

Ao recebê-lo de volta, agradeceu por escrito e confirmou: *"You were right. It doesn't help much."*[9] A verdade era bem outra, mas ele queria fazer o possível para neutralizar o relógio como eventual meio de sanção. (Visto posteriormente, isso não passa de argumentações inúteis, mas naquele momento elas pareciam mais significativas do que muitas outras.) No livro *Purgatório das vaidades*, que recebeu mais tarde – sobre a prisão e a detenção temporária de um homem da civilização –, leu: "'Tudo bem, pode ficar com ele [o lenço]. Mas o relógio vai ter de me entregar.' – 'É só um... é só um relógio barato', disse Sherman. Soltou a pulseira e entregou o reloginho. Foi acometido por um novo ataque de pânico. 'Por favor', disse. Mal essas palavras saíram de sua boca, percebeu que não as devia ter dito. Implorou. 'Como vou saber... Não posso mesmo ficar com o relógio?' – 'Por acaso o senhor tem algum compromisso ou algo parecido?'" Porém, o relógio não é apenas um símbolo da civilização, embora seja *também* ela própria. É um dos recursos com os quais se mantém contato com o mundo.

Mas vamos voltar à cronologia. Bateram à porta. Deram a entender que ele devia se levantar. Não me lembro mais se disseram algo ou se ele foi levantado do seu colchão. (É muita coisa para a memória precisa de um seqüestrado.) Sem a devida ordem, não abriu os olhos. Se esperavam isso dele, não sei; achou que fosse uma

---

9. "Você tinha razão. Não ajuda muito."

ordem. Não sabia o que estava para lhe acontecer. Teve de se sentar na cadeira, colocaram papel nas suas mãos. Começou a imaginar: Schleyer*. Era um jornal. Não pôde deixar de mostrar que havia entendido o que queriam: "Ah, claro! É isso!" Sentou-se, segurando o jornal aberto. Um *flash*, o barulho de uma Polaroid, mais um *flash*, novamente o barulho da máquina revelando a foto, que mais parecia estar mostrando a língua ao objeto fotografado, cujo resultado ele, por prudência, não quis ver. Não via nem o fotógrafo, provavelmente mascarado, nem o outro, talvez também mascarado, que estava ao seu lado apontando-lhe o fuzil Kalaschnikow. Não fazia a menor idéia de como a foto tinha saído.

Deixaram o jornal *Bild-Zeitung* com a manchete "Olhem como são felizes!", e a foto de Gerhard Schröder** e sua nova namorada, uma redatora da revista *Focus*. E a revista *Focus*. Agora ele tinha três periódicos. Lembrou-se do que um colega do Instituto de Hamburgo para Pesquisa Social havia lhe contado sobre o período que passou numa prisão turca: "Então, por acaso, achei um jornal. Logo em seguida, quebrei o recorde em ler devagar." Alguns meses antes, a redação da revista *Spiegel* havia me convidado para fazer um caderno de crítica. Para isso, li a *Spiegel* inteira, uma árdua tarefa, mas naquele momento no porão leu inclusive os anúncios.

Na hora do aperto, quem não tem cão caça com gato, é o que dizem, ou então: na hora da fome, come-se a fruta com a casca e o caroço. Aliás, é incrível como a *Spiegel* tem anúncio de material de construção. Que conclusões seus leitores ou o provável público dos seus anunciantes

---

* O autor se refere a Hanns Martin Schleyer, presidente da Confederação das Associações Patronais Alemãs, seqüestrado e assassinado por integrantes da Facção do Exército Vermelho, em 1977. Em seu cativeiro, Schleyer também foi fotografado por seus seqüestradores. (N. da T).

** Na época, governador da Baixa-Saxônia. (N. da T.)

podem tirar disso? Ele tinha muito tempo. Um parecer típico dos "leitores da *Spiegel*. Um perfil a partir da análise daqueles que querem lhe vender algo" é o que escapou das mãos da humanidade. (Esse tipo de piada jamais teria passado por sua cabeça enquanto estava no porão. Lá reparou o quanto havia rido antes, porque foi só uma vez que ele praticamente precisou rir ao ler a rubrica "Streiflicht" ["Observação"], do jornal *Süddeutsche*, a qual, por sinal, tratava da comilança pública dos políticos – o tema "vaca louca", naquela época, estava em todos os jornais. Novamente, muito obrigado à autora ou ao autor!)

Deixaram também uma instrução por escrito de que ele deveria redigir uma carta e tomar as medidas necessárias para a preparação do resgate. Pôs-se a escrever imediatamente. Endereçou a carta à sua mulher, ao gerente do seu escritório em Hamburgo e ao seu advogado.

Querida Kathrin,
caro sr. Fritzenwalder,
caro Joachim,
fui seqüestrado. O resgate exigido é de DM 20.000.000 (vinte milhões). Peço que paguem essa quantia e cedam às exigências conforme prescrito. Dadas as circunstâncias, até que estou bem. Peço que tomem todas as medidas necessárias para que eu possa sair <u>logo</u> daqui.
Jan Philipp Reemtsma

P.S. Querida Kathrin, caro Johann – amo vocês. Mantenham a calma, eu também vou tentar me controlar – combinado?
Do seu F.

E então começou a espera. Não acontecia nada. Não foram buscar a carta. O tempo passava, ele não conseguia calculá-lo. Alegou algumas hipóteses: eu me enganei, talvez tenham se passado apenas duas horas, quando lhe parecia que tinham se passado cinco. Leu as palavras que estavam na *Spiegel*, uma após a outra, cada palavra e cada anúncio, até o número das páginas ele examinou. Andou de um lado para o outro, contou os passos, o que também fazia o tempo passar. Houve um momento em que não conseguia ler direito porque a luz de uma das lanternas ficou fraca. Ligou a outra. Leu, andou, esperou. Não era só o tempo sem marcas que não passava. Havia também um medo que se tornava cada vez mais perceptível e real: por que eles não vêm buscar a carta? Não há *nenhuma* razão para não fazê-lo. Eles têm os melhores motivos para acelerar os fatos, e se não vêm buscar a carta é porque também têm razões para isso. Uma é que essa questão ficou complicada demais para eles. Foram muito diletantes, um bando qualquer de fanfarrões que perderam o controle (mais tarde ficou claro até que ponto o medo que sentira correspondia à realidade). Foram embora, e aqui estou eu sentado, acorrentado num porão e, a certa altura, a luz se apaga. Sendo assim, a única coisa que ainda posso tentar fazer é raspar, com os talheres de plástico, a cavilha com a qual a corrente está presa à parede.

Não vai dar certo. (Mas se der, será que eu consigo soltar o revestimento da janela com a cavilha?) Posso tentar fazer barulho. Ninguém vai me ouvir mesmo. Talvez sim. Mas se eles *não* saíram, como vão cumprir aquela ameaça de que "minhas condições no cativeiro se tornariam insuportáveis"? Algemas, mordaça etc.? A ameaça funcionou; ele não tentou se libertar. Esperou, leu, andou de um lado para o outro. A pilha da segunda lanterna foi ficando fraca. Todas as possibilidades consideradas acabaram numa realidade que já era de esperar: a luz acabou. Se ele tivesse de morrer naquele lugar, tão cedo não teria nem mesmo a chance de deixar uma carta. Se isso viesse a acontecer, gostaria muito de que, além do seu corpo, encontrassem também algumas palavras endereçadas às duas pessoas que ele amava. Enquanto escrevia, percebeu que o texto o ajudava a recuperar certa atitude. Não perdeu o medo, mas, em compensação, reencontrou-se como pessoa.

Querida Kathrin,
caro Johann,
não sei o que vai acontecer, muito menos por quanto tempo ainda terei luz para escrever. Há não sei há quantas horas não tenho notícias dos meus seqüestradores. Não vieram nem mesmo buscar uma carta que me mandaram escrever para você, Kathrin, para o Joachim e para o sr. Fritzenwalder. Na pior das hipóteses, vão me largar aqui, seja lá qual for este lugar, e depois vai acontecer comigo o mesmo que aconteceu com o índio Joe, de Tom Sawyer. Talvez não, e tudo dê certo. Vamos ver.
Só quero lhes dizer o quanto os amo e que é com carinho e alegria que me lembro de todos os momentos que passamos juntos. Não importa o que aconteça. Tive uma vida maravilhosa – graças a vocês!
Do seu Jan Philipp

Uma carta de despedida, redigida para ser encontrada um dia ao lado do corpo. Dobrou-a e colocou-a sob uma das lanternas. Depois, continuou a esperar.

Copio essa carta, tento avaliar a atitude de quem a escreveu à mão. Estou de acordo com o que está escrito nela. Ela não pretende mostrar nada de especial, embora também simule um pouco mais a atitude que ele gostaria que tivessem ao encontrá-la, pensando que fosse autêntica. Mas isso é justamente um método para apropriar-se efetivamente dela. Se eu tivesse de morrer hoje, escreveria a mesma coisa.

Pensei muito se talvez não fosse melhor deixar de mencionar que duas alusões tinham sido empregadas nessa carta, que escrevi com a intenção de expressar minha provável resignação com a morte. "Diga-lhes que tive uma vida maravilhosa" foram as últimas palavras de Ludwig Wittgenstein, e "não importa o que aconteça" é um *Leitmotiv* do filme *Rocky IV*. Após a surpresa inicial, a frase de Wittgenstein – ao contrário de sua própria vida – continuou a parecer-me convincente: o fato de se comprovar, ao fazer uma retrospectiva, que a própria vida basicamente não poderia ter sido diferente e que ela não foi tão ruim assim.

Diante do inesperado, da violenta destruição da sua vida, gostou de citar essa retrospectiva tranqüila – e de acrescentar a devida ironia por meio do chavão tão trivial, mas nem por isso menos belo, "Eu te amo, não importa o que aconteça", de *Rocky IV*. Pois o próprio fato de se necessitar de algo para viver e sobreviver já é uma ironia – e essa referência é muito importante para eu admitir a aparente falta de seriedade. A ironia tem mais a oferecer do que a coragem ou a simples esperança. Os piores momentos no porão foram aqueles em que ele não tinha mais ou ainda não tinha ironia. E o índio Joe? Bom, seu fim sempre foi um pesadelo para mim: morrer lentamente de sede numa caverna escura, sem a possibilidade de chamar alguém. Dias e dias ocupando-se apenas em ficar raspando com uma faca uma porta que não oferecia nenhuma esperança de ser aberta ou de acabar se rompendo. Naquele momento, havia certa possibilidade de sua vida terminar acompanhada daquele pesadelo. Ele não queria escrever: então vou morrer de sede aqui. Queria que a citação ficasse entre ele mesmo e a possível realidade, a fim de emprestar um pouco de ficção a essa realidade e de impeli-la mentalmente para fora.

À noite, em determinado momento, chegaram.

Quando perguntei por que não vieram buscar a carta, responderam: *"Wrong paper"*.[10] Foi tudo. O que quiseram dizer exatamente com isso, até hoje não sei – naquele tempo, ele achava que devia ser algo relativo ao aparelho de fax, pois foi informado de que não iriam telefonar, mas passar um fax. Nesse meio tempo, fico sabendo que talvez tenham feito uma tentativa de enviar um fax sem remetente, e que todas as comunicações escritas estavam vindo pelo correio. Parece que os seqüestradores pegaram o papel. Precisaram providenciar um novo.

Seja como for, o contraste entre seus sentimentos e a explicação banal era imenso, além de ser também desolador, pois mais uma vez lhe foi claramente demonstrado o quanto ele dependia de todo o humor e da simples imprudência dos seqüestradores.

Não obstante, o inglês levou a carta e ficou também com a outra, a de despedida, que achou sob a lanterna. No dia seguinte, Reemtsma deveria reescrever as duas cartas. Nem sua mulher nem a polícia perceberam que uma delas não era uma carta, e aos trechos tirados de Tom Sawyer foram associadas as interpretações mais extravagantes, por exemplo, que ele teria sido capturado numa gruta próxima ao rio Elba ou num antigo abrigo de guerra. Da nova carta que iria escrever deveria constar a advertência para a polícia ficar fora do caso. Acrescentou um outro P.S.:

> P.P.S. Fui informado de que a polícia está fazendo um rastreamento. Todo tipo de busca só servirá para

---

10. "Papel errado."

prolongar a situação. Como já disse, serei bem tratado de acordo com as circunstâncias, mas qualquer redução da situação atual me agradaria muito.
Kathrin, amo você (abrace o Johann + que ele abrace você). Do seu F.
Jan Philipp Reemtsma
27/3/96

Admirou-se com a palavra "rastreamento" (ela se encontrava na instrução escrita para essa carta), porque talvez estivessem considerando uma busca muito extensa, e não o tipo de trabalho que a polícia faz pelo computador, que, em geral, é o que se quer dizer com essa palavra. Mesmo assim, escreveu como haviam mandado. Em seguida, insistiu novamente em pedir mais coisas para ler. Se quisessem mantê-lo com o juízo perfeito – para que ele pudesse escrever cartas e fornecer informações –, seria bom que lhe dessem algo para ler. Um livro bem grosso, de preferência, e ele acabou sugerindo a Bíblia. Como não esperava que os seqüestradores fossem comprar-lhe muitos livros, quis sugerir algo que também pudesse ser encontrado em pequenas livrarias (ele supunha estar em algum lugar no campo), ou que, se não houvesse outra alternativa, pudesse ser roubado em qualquer igreja da paróquia.

No dia seguinte, após baterem à porta, entrarem e saírem, encontrou um saco de papel (das lojas Karstadt ou Kaufhof). Dentro havia a *Crônica do século XX* e um volume ilustrado das *Pinturas do Prado*. O lustre também foi arrumado, de forma que ele mesmo pudesse acendê-lo ou apagá-lo. Vieram-lhe lágrimas aos olhos, e ele se sentiu infinitamente grato. Ainda vou me ocupar mais detalhadamente desse sentimento de gratidão para com os seus seqüestradores. Por enquanto, esse sentimento está apenas sendo constatado. Um dia depois houve mais uma entrega de livros, cinco títulos: *Die Libelle* [*A libélula*], de John Le Carré, *A fogueira das vaidades*, de Tom Wolfe, um pequeno volume da editora Suhrkamp sobre o livro de Peter Sloterdijk, *Kritik der zynischen Vernunft* [*Crítica da razão cínica*], *Die großen Philosophen* [*Os grandes filósofos*], de Karl Jasper, e os contos de Dostoiévski. Em suma, uma escolha que o espantava. Alguém tinha pelo menos pensado de forma leiga e composto uma ótima mistura: um *thriller*, um romance, um clássico, alguma filosofia.

Esse panorama quase o comoveu. Por outro lado, a quantidade de livros significava que os seqüestradores não esperavam dar um fim a essa situação em um ou dois dias. Ao ter sua prisão prolongada, como os seqüestradores haviam anunciado, devido ao fracasso de dois pagamentos do resgate, ele ainda recebeu mais duas remessas de livros. Da segunda vez, pelo que lhe pareceu, os livros foram escolhidos com mais cuidado, em comparação à primeira entrega. Pelos dois últimos títulos, já dá para notar isso: *Hüben und Drüben* [*Aqui e ali*], de Karl Kraus, contendo a primeira versão de *Dritten Walpurgisnacht* [*A terceira noite de Walpurgis*], *Rückkehr nach Afrika* [*Retorno à África*], de Doris Lessing, *O segundo sexo*, de Simone de Beauvoir, *Geheimakte Mossad* [*Documento secreto Mossad*], de Ostrowski, *Die Wildnis schweigt* [*O deserto se cala*], de A. E. Johann. A última remessa, em compensação, foi organizada de forma aparentemente aleatória: *O rastro dos cantos*, *Vom Glück der Kindheit* [*Da alegria da infância*], uma antologia medonha de Bruce Chatwin, com a mesma impressão barata de *Später Sieg* [*Triunfo tardio*], de Cronin, *Picassos Rache* [*A vingança de Picasso*], de Kishon, *Der flammende Mensch* [*O ser ardente*], de Serge Filippini, *Ein Gott der Frechheit* [*Um deus da insolência*], de Sten Nadolny, e *Als die Säulen noch standen* [*Quando as colunas ainda se erguiam*], um guia sobre a Grécia, escrito com base no itinerário de Pausânias. Especularam muito sobre os livros, talvez até injustamente. As duas primeiras remessas após a *Crônica* e o *Prado* também podem ter sido uma compilação acidental: pega-se um livro no canto da estante em que se encontram as obras da editora Suhrkamp, mais dois na estante da Piper e assim por diante. Após sua libertação, recebi uma carta em que alguém dizia que os livros revelavam um gosto feminino. Uma observação nem um pouco ingênua, não apenas pelo título de Beauvoir, mas também pelos de Le Carré e Lessing. Sempre levando-se em conta que a pessoa escolhida teria lido os livros. Do mesmo modo, seria possível concluir uma predileção pela literatura de viagens (Lessing, A. E. Johann) ou um interesse especial pelo serviço secreto israelense (Ostrowski, Le Carré).

Embora o inglês tenha dito: *"We won't use the phone"*,[11] mais tarde, os números de telefone tiveram certa importância: entre outras coisas porque, há algum tempo, ambos tinham sido alterados. Os novos pareciam-se com os antigos, bem como os números entre si, e ele, muito concentrado para não deixar haver nenhuma confusão, acabou servindo uma salada de números. Depois queriam saber qual era a placa do seu carro e do da sua mulher – ele tinha de escrevê-los. Pensou logo que fosse uma pergunta feita pelos que estavam em sua casa, para se certificarem de que ele ainda estava vivo. Muito irritado, escreveu que não deviam fazer-lhe esse tipo de pergunta idiota, pois é óbvio que ele não sabia de cor os números das placas! Mas foram os próprios seqüestradores que quiseram saber os números, para a identificação dos veículos durante o pagamento do resgate. Mais tarde, em dado momento, teve até de responder a uma

11. "Não vamos usar o telefone."

das perguntas feitas nos anúncios do *Morgenpost* e, depois, copiar a resposta. Se essa resposta teve alguma importância para a comunicação por telefone, não sei dizer.

A questão sobre o portador do dinheiro foi o assunto de rápidas conversas. Os seqüestradores queriam que fosse ou a mulher do seqüestrado, ou seu jardineiro, aposentado naquele ínterim, pois já o conheciam depois de terem averiguado o terreno. Reemtsma dissuadiu-os de chamarem o jardineiro. Então perguntaram-lhe se sua mulher era forte o bastante – física e psiquicamente – para efetuar o pagamento. Confirmou ambas as qualidades, mas isto quase o levou ao desespero: o que ele estava fazendo ao responder "sim"? Principalmente porque ela teria de deixar nosso filho Johann sozinho para poder entregar o dinheiro. Tinha a esperança de que ela encontraria uma saída. Ele estava com a imaginação bloqueada, também achava que não adiantaria nada se *ele* mesmo encontrasse uma saída. Aliás, ainda tinha a esperança de que de alguma forma tudo terminasse dois dias depois – semelhante ao que sua mulher pensou ao mesmo tempo.

Em seguida, o inglês deixou-o ler o anúncio do *Hamburger Morgenpost* e ainda com um preâmbulo quase solícito: *"Don't be afraid, everything is okay with your wife, it's just the police-psychologist."*[12] Tratava-se do anúncio: "Estou pronta. O Gerhard vai fazer tudo para mim." Quem seria esse Gerhard? Ele só conhecia um o Gerhard Schwenn, sócio do advogado Joachim Kersten. Gerhard Schwenn freqüentou a escola com ele. Chamava-se Gerhard Johann Schwenn. Antigamente era sempre chamado de Gerhard, mais tarde trocou o primeiro

---

12. "Fique tranqüilo, está tudo bem com a sua mulher. O problema é com o psicólogo da polícia."

pelo segundo nome, e até no papel timbrado do seu escritório era apresentado como Johann Schwenn. Por que então o nome Johann não estava no anúncio? Porque seu filho se chama Johann, e um anúncio com a informação "Johann vai fazer tudo para mim" só poderia levar a mal-entendidos. O nome "Gerhard" seria inequívoco para eles. Além disso, Reemtsma achou que a idéia era lógica.

Já tinham lhe dado o primeiro anúncio para ver, e este foi recebido como uma promessa de que aquele cenário de horror logo terminaria. Ele o tinha colocado de forma visível sobre a mesa e fez o mesmo com os outros anúncios que lhe foram mostrados. A certa altura, só de olhá-los já lhe fazia mal, e colocou-os de lado.

Sempre pedia para que o deixassem escrever. Perguntava também se havia algo que ele não deveria escrever para não comprometer as cartas.

Risos: *"You can write what you know..."*[13] Era muito pouco. Resolveu então descrever suas condições de vida no porão. Queria tranqüilizar a mulher e o filho. Cuidavam para que tivesse higiene. Recebia comida, bebida e até livros, "se bem que... tudo bem, não é nada". Não contou a respeito da corrente. Mencionou apenas que andava no porão de um lado para o outro, e que num só dia chegou a dar mais de dezoito mil passos. Essa carta não foi enviada, como ficou sabendo mais tarde. Logo depois, o inglês comunicou-lhe que os seqüestradores não estavam de acordo com a carta, mas Reemtsma entendeu que ao menos algumas partes dela tinham sido enviadas, sendo suprimidas apenas as passagens mais consoladoras: *"We have to put some pressure on them."*[14] Como se isso fosse necessário. Uma segunda carta foi aprovada pela censura:

---

13. "Pode escrever aquilo que sabe..."
14. "Tivemos de pressioná-los de alguma forma."

Querida Kathrin, caro Johann – tenho permissão para escrever-lhes, mas o que mais posso lhes escrever além da vontade que sinto de estar com vocês? Amo-os e sei como tudo isso está lhes fazendo mal. Johann: nós dois podemos fazer uma coisa juntos. Todos os dias, às 17h (acho que a essa hora o "McGyver" já terminou), pegamos a *Crônica do século XX* e procuramos descobrir o que aconteceu nesse mesmo dia (nessa data), de 1900 até 1995. Vamos fazer isso ao mesmo tempo. Hoje é dia 30/3, e eu já vou começar. Você provavelmente vai receber esta carta amanhã bem cedo. Até breve, eu espero. Um abraço para vocês dois e um beijo para você, Kathrin – Do seu F.
P.S. Johann: Toque a canção "Langweilig!" ["Monótono!"] para mim!

Ele supunha que, naqueles dias, seu filho fosse ficar muito mais tempo diante da TV, por isso não quis que sua proposta interferisse no programa favorito do menino. Fez essa sugestão com a esperança de que tudo aquilo fosse terminar em poucos dias. Com o passar do tempo, foi ficando cada vez mais difícil cumprir diariamente o compromisso das 17 horas. Ele quase se sentia mal de tanta tristeza, mas era muito consciencioso, ou até mesmo supersticioso, para interromper esse ritual. (Seu filho só participou no primeiro dia, depois, muito esperto, não quis mais saber. O que nos primeiros dias de esperança era um meio para estabelecer uma proximidade emocional, logo se transformou num tormento. No porão, tinha a esperança de que seu filho fosse ser mais esperto do que ele – mas também esperava o contrário, como uma carta iria revelar mais tarde.) Ao P.S. estava associado também um episódio quase engraçado. "Langweilig!" era uma canção feita pela banda favorita do seu filho, chamada “Ärzte” [“Os médicos”]. Na carta censurada, ele já tinha pedido ao seu filho que tocasse essa música para ele e já tinha também mencionado o nome da banda. *“Are the ‘Ärzte’ a band from Bremen?”*,[15] perguntaram-lhe. Pensaram que ele quisesse transmitir nas entrelinhas uma informação sobre o seu paradeiro. Isso seria desnecessário. Na foto dava para ver que ele estava segurando uma edição do *Bild-Zeitung* de Bremen. Nem tinha percebido isso porque não viu o jornal direito.

A partir desse período, pensou várias vezes em como evitaria escrever algo que, nas entrelinhas, pudesse indicar uma informação, e chegou à conclusão de que não havia nada a evitar.

A suspeita de que uma informação seria omitida em algum lugar produz sua própria evidência, já que não pode ser desmentida. De fato, não se pode concluir que num texto não haja nenhuma mensagem cifrada – o que se pode sempre dizer é que ela ainda não foi encontrada. Porém, uma vez ele enviou uma carta que realmente continha uma mensagem, e enviou-a com o conhecimento e a aprovação dos seqüestradores. Antecipou a informação de que estavam preocupados com o fato de a polícia pensar que houvesse apenas um criminoso. Não entendiam isso. Achavam que a polícia deveria ter encontrado o vestígio de dois criminosos. *“But your wife told the police if there had been more than one, you wouldn’t have fought.”*[16] Isso soava tanto a uma citação literal, que teve a impressão de que os seqüestradores estivessem ouvindo as conversas da polícia. (De fato, houve um diálogo semelhante, como ficou sabendo depois. Embora a polícia nunca tenha partido de um único criminoso, naturalmente quiseram reconstituir o episó-

15. “Por acaso essa ‘Ärzte’ é uma banda de Bremen?”

16. “Mas sua mulher disse à polícia que se houvesse mais de um você não teria lutado.”

dio ocorrido na noite do seqüestro e interpretar os vestígios de luta.)

Isso o preocupava. Subestimar os seqüestradores não deixava de ser um erro. Disse que ia escrever. *"They will think we forced you to write that."*[17] Sendo assim, daria um jeito de inserir em sua carta uma informação relativa a esse fato, e que pudesse ser entendida pelos que estavam em sua casa. Sem ela, porém, o inglês não entenderia nada. E a carta ficou assim:

> Querida Kathrin – como estão passando esses dias? Vivo pensando nisso – mas logo deixo de pensar. Vocês devem estar tomando decisões e não sabem quais são as corretas.
>
> Sento-me, deito-me, dou uma volta, <u>não posso fazer nada</u>: às vezes, isso chega a ser vergonhoso, outras vezes, enlouquece ou acalma de forma incômoda. Toda essa história é de deixar qualquer um supersticioso: a última coisa que li quando ainda estava em casa foram as *Notas de um subsolo*, de Dostoiévski, para a palestra sobre Schmidt, que eu deveria ter apresentado hoje em St. Louis. E há alguns dias queixei-me de monotonia – pois bem, aqui também, *Fausto II*: "E sendo estas verdadeiras alegorias" (passaria muito bem sem essa lição!). Amo você – quero vê-la <u>em breve</u>!
>
> Caro Johann – <u>abrace a Kathrin bem forte e pensem em mim!</u> E não se esqueça de mandar lembranças para todo o nosso zoológico: Zimt + Kümmel + Korinthe – Benni + Franz + Fritz!
>
> Cuidem-se. Até breve, se Deus quiser. Do seu F.

"Aqui também, *Fausto II*": na carta que, sem que ele soubesse, não tinha sido enviada, citou a partir da segun-

17. "Vão pensar que obrigamos você a escrever isso."

da parte de *Fausto*: "Dois dos maiores inimigos da humanidade/Medo e esperança", e sugeriu um "meio-termo depressivo" como atitude recomendável para ele e para sua família. (Quem consultar a citação, poderá ver o quanto o inconsciente está presente nela.) Mas como essa correspondência não foi enviada, o "aqui também" não tem nenhum sentido. A carta, no entanto, contém duas informações. Em primeiro lugar, a de que ele estava num porão e, em segundo, de que se encontrava em poder de, no mínimo, três criminosos, sendo que provavelmente havia um que o vigiava ininterruptamente. Os contos mencionados, de Dostoiévski, geralmente são apresentados como *Notas de um porão*.

Ele esperava que alguém se lembrasse disso. Mas essa informação era a menos importante. A segunda, ele colocou quatro vezes no texto. Uma delas por meio de duas seqüências de três que se destacavam (assim ele imaginava): "sento-me/deito-me/dou uma volta" e "vergonhoso/enlouquece/incômoda". Depois, por meio da frase sublinhada. Esse abraço, na linguagem familiar que Johann usava quando era pequeno, chamava-se "abraço de três". Por último, mandou lembranças para os três gatos e logo em seguida para três cachorros, sendo que, na verdade, só havia dois. O terceiro, o "Fritz", fora inventado nas últimas férias, quando ficou provocando seu filho ao dizer-lhe que, de vez em quando, conversava com um cachorro invisível chamado "Fritz". Mandar lembranças para o cachorro que só ele conseguia ver contrariava, de certo modo, a regra desse jogo de fantasia, devendo surpreender e conduzir a atenção para as duas seqüências de três. (Como fiquei sabendo depois, o único resultado disso foi que interpretaram esse erro bem visível como sendo real e, conseqüentemente, um indício preocupante do seu estado mental.) Finalmente, ocultou o número na citação de *Fausto*. Supôs que, ainda que ninguém soubesse a citação de imediato, iriam pesquisá-la ou consultar a algum conhecedor de Goethe. Talvez pudesse até ser que alguém tivesse lido seu livro sobre o estilo do boxe de Muhammad Ali e tivesse lembrado que justo aquelas citações que se encontram no livro foram empregadas como divisas. Seja como for, poderiam ter reparado – pensou: *deveriam* ter reparado – que a citação não estava correta. O correto seria: "E sendo estes maraus alegorias", e o destaque de "maraus" por meio da omissão deveria ter sido um sinal nessa situação em que todos se encontravam.

O contexto teria mostrado que o discurso tratava dos "três valentes", "Raufebold", "Habebald" e "Haltefest", que Mefistófeles convoca para vencer a batalha. E, entre outras coisas, dizem: "Quem para mim olhar logo na face/Os punhos lhe porei", em seguida: "Em adquirir somente sê incansável,/De tudo o mais depois terás cuidado", e finalmente: "Tomar é bom, porém guardar prefere." Isso lhe parecia alegoricamente suficiente. Contudo, foi um esforço em vão. Mais tarde, pelo que ouvi dizer, tiveram de admitir que, numa situação tão grave como essa, até que ele também tinha o seu *Fausto* na ponta da língua. Pois é, ele tinha mesmo. Felizmente isso não fazia a menor diferença na carta.

Ele deveria finalmente falar da entrega do dinheiro. Disseram-lhe que na Páscoa já poderia estar em casa. Teve de escrever novamente:

> Querida Kathrin – hoje à noite vai fazer uma semana que eles me seqüestraram diante de casa. Naquele momento, mal pude entender que aquela deveria ser a realidade – e, a partir de então, tanto vocês quanto eu estamos vivendo um dia-a-dia absurdo, irreal. Queria tanto que voltássemos logo a ficar juntos novamente – façam o que for possível para que

eles me tirem daqui (risquem o "tirem": é para que eles me "deixem sair" daqui) – e depressa!
Caro Johann – será que hoje às 17h nós dois demos uma olhada juntos na *Crônica*? Eu dei – que data mais sem graça! (Mas agora isso também não faz mais diferença.) Espero estarmos juntos em breve! (E toque para mim... você já sabe.)
Um abraço para vocês!
Do seu F.

E, comentando a data: "1/4/96 (ha, ha, ha)." Não consigo mais reformular o que ele quis dizer com "data sem graça". Achava que ia me lembrar de um registro para a estréia de uma ópera, que continha no título algo relativo a um assassinato, mas não o encontrei no exemplar da *Crônica* ao qual tinha acesso naquele momento. Pode ser que minha memória tenha se enganado, ou que tenham me dado uma outra edição. Mas talvez também estivesse pensando no seqüestro do embaixador alemão na Guatemala, Graf von Spreti, em 31/3/1970, que teve o corpo encontrado em 5/4. (Não pôde deixar de notar que a *Crônica* registrava um número considerável de casos de seqüestro.)

Na manhã do dia 3 de abril, ouviu o inglês entrar irritado no porão: se continuasse daquele jeito, a situação poderia durar meses! Ninguém apareceu. Essa notícia o desanimava, não apenas porque tinha a esperança de que tudo terminasse logo (porém sempre com a dúvida: será que o fim significa a liberdade ou a morte?), mas também porque não entendia o que estava se passando do lado de fora. Como ninguém apareceu? Num anúncio no *Morgenpost*, de 2/4, haviam exigido outro sinal de vida: "Diga uma coisa, por que você não me mandou nenhuma foto?" Será que foi por isso que eles não apareceram? *"Nonsense! They don't need a picture.*

You are writing letters, they know you're alive!"[18] Além disso, a polícia teria estado na floresta onde estariam esperando. Será que tentaram preparar uma armadilha para os seqüestradores no local combinado para a entrega do dinheiro? Os seqüestradores pareciam ser dessa opinião. Ele deveria escrever e esclarecer ao seu advogado, de uma vez por todas, quais interesses este deveria representar, os do seu cliente ou os da polícia. E, em seguida: *"We told your wife we'll cut your finger off!"*[19]

As cartas que reproduzo a seguir são desagradáveis para mim. Elas o expõe numa condição que infelizmente está muito longe do que anteriormente chamei de "sangue-frio". Se fossem orais, seriam pronunciadas com uma voz estridente. Mais tarde sua mulher lhe disse que ficou bastante magoada com ele por causa dessas duas cartas. Posso entender. Ele não facilitou a situação, ao contrário. Para conseguir seu perdão, a única coisa que posso alegar é que a idéia de talvez ter de passar realmente mais alguns meses no porão o apavorava – muito mais do que a ameaça do dedo, se também fosse levá-la a sério. Além disso, ele não sabia o que estava acontecendo e também não via outro motivo para o não-comparecimento ao local da entrega do resgate, além do fato de sua mulher e seu advogado, por alguma razão que ele não podia imaginar, estarem dando continuidade a um plano sugerido pela polícia, cujo principal objetivo não era livrá-lo daquela situação o mais breve possível. Por outro lado, conhecia bem sua mulher e não era capaz de imaginar que pudesse haver algo mais importante do que tirá-lo dali. O que tinha acontecido afinal? Os seqüestradores podiam não estar nem um pouco interessados em prolongar essa situação.

---

18. "Bobagem! Eles não precisam de foto nenhuma. Você tem escrito cartas, eles sabem que está vivo."

19. "Dissemos à sua mulher que vamos decepar o seu dedo."

No fundo, essas cartas constituíam um documento para que os seqüestradores o atraíssem um pouco para o lado deles próprios naquela circunstância. Ele não conseguia se livrar da idéia de que sua família não estava levando suficientemente a sério sua situação, de que havia outros argumentos e considerações, ou qualquer outra coisa, que tivesse uma certa importância além do objetivo de libertá-lo.

Não importa se tudo isso não passasse de considerações plausíveis. O que ele queria mesmo era sair dali, e não deveriam levar mais nada em consideração além disso!

Quarta-feira, 3/4/1996

Querida Kathrin – não sei o que vocês estão fazendo. O pagamento do resgate fracassou hoje à noite, ninguém apareceu. Estou com medo! O ambiente piorou radicalmente. Ameaçaram de me manter aqui por vários meses e de me decepar um dedo. Não creio que seja uma ameaça da boca para fora. Por favor, Kathrin, acredite em mim e ajude-me. Agora! Não prolongue essa situação! Você disse que o Gerhard iria resolver tudo, e como não conheço outro Gerhard, só pode ser o Gerhard Schwenn. Estou de acordo se for ele realmente e não alguém da polícia. Descrevi o Gerhard para eles. Vou dizer algo para os seqüestradores que só o Gerhard é capaz de responder. Assim, ele pode ser identificado sem deixar dúvidas. Uma outra possibilidade seria o sr. Fritzenwalder. Ele também vai precisar responder a uma pergunta. Kathrin, tome providências para que tudo ocorra como estou lhe dizendo! Amo você! Ajude-me, tenho medo e não estou agüentando mais! Precisa ser hoje à noite!

Jan Philipp

Para a identificação (vocês não precisam de foto nenhuma. Isso só iria atrasar mais ainda as coisas!): o título da terceira coluna do *Süddeutsche* de hoje diz: "Relatório da ONU sobre a Chechênia: direitos humanos são menosprezados", e a "Streiflicht" ["Observação"] começa com: "Karl, o filho dos alemães".
Jan Philipp

Para Gerhard Schwenn:

Quarta-feira, 3/4/1996 (*sic*!)
Caro Gerhard – fiquei sabendo pelo anúncio que você quer fazer o pagamento do resgate pela Kathrin. Estou de acordo e agradeço-lhe. Mas, por favor, não deixe que haja nenhuma mobilização oculta da polícia (ou que simplesmente não aconteça nada, como hoje à noite – por que ninguém apareceu??). Agora estou realmente em perigo! Portanto, por favor, entregue o dinheiro hoje à noite!! E se você não quiser fazer isso, é o sr. Fritzenwalder quem deverá fazê-lo. Essa é uma ordem expressa que estou lhe dando! Em ambos os casos, para que a identificação seja inequívoca, vou passar uma pergunta aos seqüestradores que só você ou o sr. Fritzenwalder podem responder. Faça o que estou dizendo. Chega de tática policial!
Jan Philipp Reemtsma
Para a identificação, *Süddeutsche Zeitung* de hoje, bem no início da página: "Lech Walesa – um colega..."

A indelicadeza dos vários pontos de exclamação e trechos sublinhados denota a condição em que ele se encontrava, e a frase "Chega de tática policial!" indica que, em parte, ele havia adotado a perspectiva dos seqüestradores. Além disso, o fato de ele agir contra o princípio de nomear algum dos seus empregados como portador do dinheiro revela seu nervosismo. Embora essa tenha sido uma idéia dos seqüestradores, ele não poderia aceitá-la, tinha de dar outras alternativas. Naquele período, sempre se perguntava se tinha a permissão para escrever que não estava mais agüentando. Mas depois acabava escolhendo a opção errada.

Como já foi dito, ele vivia com aquela falsa impressão de que, de alguma forma, estavam fazendo pouco-caso da sua situação. Sempre partia do princípio de que a carta em que ele descrevia suas condições de vida tinha chegado, pelo menos em parte, e perguntava-se se não teria pintado um quadro otimista demais da situação, e se por isso não estariam talvez pensando, por algum motivo, que ele seria capaz de resistir por mais uns dias.

Escreveu errado o título da reportagem do *Süddeutsche Zeitung*. Só percebeu depois que já haviam levado sua carta. Não era "menosprezados", mas "ignorados". *Isso* sim é que com certeza seria entendido como uma mensagem oculta nas entrelinhas, ou melhor, como uma informação: as coisas não estão tão ruins assim! Escreveu mais um pós-escrito, bateu com força na porta e, quando o inglês apareceu, passou o papel pela brecha de ventilação:

> Querida Kathrin – por causa da minha inquietação, acabei não citando o *Süddeutsche Zeitung* corretamente. O correto é "Os direitos humanos são ignorados", e não "menosprezados" – isso não é nenhuma informação secreta ou qualquer outra bobagem, mas apenas o meu nervosismo. Por favor, entregue o dinheiro hoje! Não agüento mais.
> Jan Philipp
> Outra identificação do *Süddeutsche*: o último título da coluna da esquerda (pág. 1) diz: "Arafat: Planos

de apresentar referendo põem em risco o processo de paz."

Novamente o fatal "Não agüento mais!" Esquecera que já o havia escrito. A nova identificação por meio do título do jornal, que era totalmente desnecessária, mostra também o quanto ele havia perdido aquilo que chamam de "estribeiras".

Um aspecto inalterado do problema, que vai além da vergonha que sinto ao reler essas cartas e que não deixa de ser importante deve ser revelado: no momento em que as estava redigindo, ainda não tinha se acostumado à sua prisão. Bem, ele realmente não tinha nem teria se acostumado nunca, mas a diferença entre os primeiros e os últimos dias era enorme, e não apenas porque eram os últimos, o que ele só ficou sabendo no final, quando faltavam dois dias. Nos primeiros, formulava perguntas que para o inglês não faziam o menor sentido: *"Do you expect something tomorrow?" – "Expect what?"*[20] Ora, só podia ser o pagamento do resgate. Reemtsma não entendia por que aquela situação tinha de se prolongar por tanto tempo. Mas a resposta de sempre era: *"This needs time."*[21]

Ao receber a notícia, antes do primeiro pagamento fracassado, que se tudo desse certo ele ainda ficaria preso por cinco dias, foi como se tivesse recebido um golpe. Quando após catorze dias fracassou o pagamento em Luxemburgo e os seqüestradores exigiram intermediários neutros, escreveu em seu diário que, se tudo corresse bem, teria de se preparar para agüentar mais duas semanas. Era uma probabilidade ruim, e escreveu isso para se acostumar previamente com essa situação, porém até

20. "Está esperando algo para amanhã?" – "Esperando o quê?"
21. "Isso requer tempo."

que não era tão ruim quanto a probabilidade dos cinco dias que tivera pouco mais de uma semana antes. Três coisas coincidem com isso. Em primeiro lugar, o fato de se aprender que também é possível passar pelas crises de períodos como aquele, o que, nos primeiros dias, ainda não estava claro. Em segundo lugar, o fato de a duração de um dia fazer falta conforme a relação em que se encontra quanto à duração total (é o mesmo motivo pelo qual as duas primeiras semanas de férias são bem mais longas que as duas últimas).

Em terceiro, o espaço físico, externo ao mundo e para dentro do qual se foi empurrado torna-se um pedaço do próprio mundo. As paredes tornam-se familiares. Dá certo aprofundar-se realmente num livro e não tratar sua leitura apenas como um passatempo histérico. E assim por diante. Pessoas que passaram por experiências bem piores que a dele disseram e escreveram que é possível habituar-se a qualquer situação. Contudo, gostaria de insistir que o termo "habituar-se" aqui não tem a mesma conotação agradável quando o pronunciamos com um breve suspiro, em nosso dia-a-dia, acompanhado por um levantar de pálpebras em direção ao teto. Nesse caso, "habituar-se" significa justamente que a infelicidade expande-se para dentro e torna-se parte da pessoa, e que a chance de emergir dessa infelicidade, como de um pesadelo do qual nos vemos livres ao tomar uma boa ducha pela manhã, torna-se cada vez mais remota. O hábito traduz-se numa grande intensidade patogênica: a alma transfere o medo do que é atual para o que é crônico, da exterritorialidade para a vida. Buscam-se forças em fontes que mais tarde deixarão de existir, e o ganho é extremamente desproporcional em relação à perda. Ou será que não é? Nenhuma das duas hipóteses pode ser verificada e, evidentemente, não se pode quantificá-las de fato. Trata-se de caracterizações da experiência em forma de hipóteses. Um dos modos de expressar-se acentua os efeitos duradouros do trauma; o outro, a medida necessária de vigor exigida naquele momento. Isso não deve ser nenhuma desculpa, mas talvez possa ajudar a elucidar um pouco o mecanismo da recusa.

Para a reconstrução de tudo o que aconteceu, é importante o fato de ele ter escrito que o pagamento do resgate precisava ser feito "hoje". Ele supôs ainda que os seqüestradores fossem usar um aparelho de fax e que, portanto, os destinatários fossem receber a carta tão logo fosse enviada, podendo tomar as providências imediatamente. E partiu também do princípio de que, no que dependesse dos seqüestradores, tudo deveria transcorrer rapidamente. A carta estava datada de 3 de abril (quarta-feira). Sendo assim, presumiu que o próximo pagamento deveria ser ou seria mesmo efetuado a partir de quarta-feira à noite (tentou insistir para que fosse nessa data), talvez na quinta ou, no mais tardar, na sexta. A essa expectativa corresponde, em certa medida, o fato de terem lhe dito que, se tudo corresse conforme o planejado, na Páscoa ele poderia estar novamente em sua casa e, portanto, se *dessa vez* desse certo, na segunda-feira após a Páscoa. Planejavam sempre um prazo de, no mínimo, quarenta e oito horas após o pagamento do resgate.

Enquanto isso, ele se preparava para a possibilidade de lhe deceparem o dedo. Um dedo – geralmente são dez, qual seria o escolhido? Fez uma estimativa das experiências até aquele momento e concluiu que não o mutilariam por vontade própria. Portanto, era muito provável que escolhessem o dedo mínimo da mão esquerda, que era o menos usado. Ou, se o deixassem escolher, optaria por esse. Aproveitou o longo tempo disponível para despedir-se dele, pois desse dedo ele conseguia se separar com mais facilidade. Não toco nenhum instrumento e me adapto bem com um sistema prático para usar o teclado do computador que não requer o dedo mínimo esquerdo. Perguntou a si mesmo se não era mais fácil ficar sem um dedo do pé (talvez se tratasse apenas de um "funeral" sangrento), e decidiu que os problemas provocados pela amputação de um dedo do pé presumivelmente seriam bem maiores.

Por exemplo, na hora de esquiar. Mas principalmente para poder andar de onde iriam deixá-lo, caso sobrevivesse, até algum lugar habitado. Como se pode ver, sua angústia oscilava entre a morte e uma viagem aos Alpes, o que não deveria surgir de forma tão insólita. A realidade brutal e mais grave sempre voltava a se associar ao irreal. Decepar um dedo – de fato, é como se ele de repente tivesse acordado no meio de um filme sobre a máfia. Despediu-se então do seu dedo, ou melhor, o dedo despediu-se dele. E isso com certo pesar, pois até aquele momento não tinha sabido dar o devido valor aos serviços que o dedo tinha lhe prestado.

Não temia muito a dor. Muitos soldados tinham decepado ou perdido o dedo para serem dispensados de lutar no *front*. E tinham de agüentar firmes. Ele tinha mais medo do modo como o fariam. Temia que os seqüestradores, para impedir qualquer resistência ou defesa, invadissem o porão à noite, mascarados, pegassem-no e, com uma faca... O novo choque ao reprisar seu seqüestro, dessa vez sem golpes na cabeça, mas com uma mutilação, teria sido algo como uma formação de palavras, da qual ele tinha medo. Seria bem menos ruim se ele mantivesse um pouco do controle sobre essa operação brutal, e se esta pudesse aproximar-se o máximo possível de uma intervenção cirúrgica. Chegou até a pensar se olharia ou não.

O que o preocupava era o possível momento da mutilação. Achava que ela não fosse ocorrer antes de quinta-feira e pensou o seguinte: o dedo seria enviado pelo correio.

Se fosse colocado na caixa do correio na quinta-feira, não chegaria na sexta-feira – seria sexta-feira santa. Será que haveria entrega de correspondência no sábado de Aleluia? Não sabia. Ou seja, caso lhe decepassem o dedo na quinta ou na sexta-feira, havia a probabilidade de que fosse colocado no correio somente na terça-feira depois da Páscoa. Portanto, a próxima tentativa de contato só se daria na terça à noite, pois os seqüestradores certamente iriam querer consolidar o efeito do dedo decepado. Sendo assim, ele possivelmente teria de passar seis dias ferido, até que o próximo prazo de pagamento pudesse ser negociado. Seis dias sem cuidados médicos adequados, com a probabilidade de o ferimento infeccionar. Conseqüentemente, havia ainda um outro risco: gangrena. Será que os seqüestradores não pensaram nisso? Ele não podia deixar de considerar essa possibilidade e acabou escrevendo uma carta em que apresentava seus argumentos. Se estavam realmente com a intenção de lhe deceparem o dedo, que pensassem então no problema do envio pelo correio e, se fossem decepá-lo mesmo, que o fizessem apenas na segunda-feira. Além disso, pediu-lhes que fornecessem ataduras, bastante água limpa e analgésicos. Caso eles tivessem pensado na possibilidade de uma infecção (talvez estivessem abastecidos de medicamentos para todos os casos), queria avisar que era alérgico a penicilina, mas que podia tomar outros tipos de antibióticos. Dobrou a carta em dois e escreveu em cada um dos lados externos: *"If you want to cut my finger off – read this first!!"*[23] Colocou o papel por dentro da manga para que pudesse ser tirado quando o fato estivesse prestes a ocorrer.

23. "Se querem decepar meu dedo, leiam isto primeiro."

À noite, colocou-o sob o colchão e, sempre que batiam à porta, pegava-o rapidamente e o segurava na mão fechada, pronto para mostrá-lo. Mas nada aconteceu. O pagamento falhou de novo. Mesmo assim, deixaram-no fisicamente intacto. Na segunda-feira, rasgou a carta e jogou-a no lixo.

De fato, como foi dito, não houve nenhuma tentativa de pagamento. Contudo, informaram-lhe sobre um novo fracasso devido à presença da polícia. A comunicação seguinte, escrita pelos criminosos, também falava sobre isso e, assim como eles, Reemtsma escreveu aos últimos portadores do dinheiro, Clausen e Arndt, relatando as três tentativas fracassadas. Em seguida, ficou sabendo que os seqüestradores quiseram ligar na sexta-feira santa à noite, mas não o fizeram. Provavelmente já haviam interrompido a tentativa de contato por causa da real ou suposta presença da polícia em todos os lugares.

Do domingo de Páscoa para a segunda-feira, teve de escrever outra carta. Como sempre, o teor ficou a seu critério. Só deram-lhe a entender que ele próprio deveria dar um jeito para que tudo finalmente corresse bem:

> 7-8/4/96
> Querida Kathrin,
> caro Gerhard,
> conversem primeiro pessoalmente sobre esta carta, antes de comentarem sobre ela com outra pessoa (seja quem for, e apenas se for necessário). Não estou escrevendo por ordem de ninguém – não tenho como provar isso, mas é a pura verdade.
> Querida Kathrin – hoje à noite completará catorze dias que estou aqui, e nada aconteceu a não ser tentativas fracassadas de entrar em contato e pagar o resgate.

Há catorze dias estou trancado e acorrentado num recinto (um detalhe que havia omitido de vocês para manter o sangue-frio de ambos os lados – os dezoito mil passos eram três para a frente, três para trás) e só estou feliz por ainda estar vivo. É imensamente difícil para mim pensar em vocês, e quando consulto os dados da *Crônica* todos os dias às 17h, meu coração chega a ficar apertado. Amo-os – tirem-me logo daqui, mas não um dia qualquer e, sim, logo, por favor!

Querida Kathrin, caro Gerhard – qualquer demora transforma-se num período muito maior, sem que com esse tempo se consiga mais do que o enfraquecimento das minhas forças pessoais (e o visível descontentamento daqueles que me trouxeram até aqui). Pelo que fui informado, a área escolhida para a primeira tentativa de pagamento estava sendo vigiada pela polícia – eles notaram. No telefonema feito no sábado no final da tarde ou à noite foi muito fácil perceber que havia um policial na linha (devido às três repetições dos nomes "Ingrid" e "Dührsen", que não teriam causado nenhuma dificuldade a você, Gerhard) –, o que para mim significa que meus seqüestradores agem com mais profissionalismo que a polícia. O resultado disso é que vocês não vão receber esta carta antes de terça-feira. Depois vem o próximo cheque, o próximo acordo... peço-lhes que esta seja a última vez! Se continuar do jeito que está, esse seqüestro pode se prolongar por semanas. Se com isso minha situação piora, não sei dizer, é bem provável que sim – mas a idéia de uma simples prorrogação parece-me insuportável. Qualquer nova demora, como já disse, torna-se maior, pois os cheques de caução também aumentam.

Depende de vocês, só de vocês, fazer o próximo pagamento ainda nesta semana e fazer com que tudo

corra bem – isto é, sem que nenhuma tática policial seja executada. Se falhar de novo, a demora pode não ter limites, e eu não quero, perdão: não agüento mais!
Caro Gerhard – você é meu advogado. Por meio desta carta, encarrego-o de encaminhar imediatamente o pagamento do resgate sem a polícia.
Querida Kathrin – por favor, faça o mesmo. Não posso fazer mais nada além de escrever. O que vai se passar lá fora depende da sua decisão, você tem a palavra final, e cabe ao Gerhard impô-la contra a polícia. Eu quero, eu tenho de sair daqui! Por favor Kathrin – pelo Johann, por você e por mim! Acredite-me, nenhuma outra espera pode trazer a segurança que se gostaria tanto de ter em casos como esse – muito pelo contrário! Kathrin, abrace o Johann por mim (sinto uma falta imensa de vocês).
Do seu Jan Philipp

Se bem me lembro, a carta passa novamente a impressão bastante exata que ele tinha da situação. Ele acreditava nos seqüestradores que, dessa vez, de modo psicologicamente revelador, chamou de "meus" seqüestradores, atitude que antes sempre evitava, mesmo no seu diário – seja como for, acreditava neles em geral, pois aquela afirmação de que a polícia estava em jogo, e principalmente de que eles sabiam disso, era a única explicação que lhe parecia plausível para justificar os atrasos. Embora não tivesse dúvida de que só podia tirar conclusões a partir das informações dos seqüestradores – e portanto ficar com sua reflexão presa à perspectiva deles –, eles mesmos não poderiam ter nenhum interesse em atrasos.

É evidente que sua mulher também não, mas a polícia sim, e muito. O que o inglês lhe disse fazia sentido:

"The police wants to catch us. And we make mistakes. Small mistakes, but everyone makes mistakes, and the more mistakes we make, the more information the police will get about us. They want to make us angry and nervous. The police doesn't care about you. Policemen are like gangsters – they are both hunters. And we won't give up."[24]

Sem esse fragmento especial sobre a psicologia dos gângsteres que, dado o temperamento do inglês, é totalmente revelador para que o seqüestrado levante sua própria hipótese, imaginou peritos da polícia dizendo à sua mulher que ela só voltaria a vê-lo vivo se conseguissem encontrar os seqüestradores e o cativeiro. E, evidentemente, ele esperava que conseguissem. Imaginou: de repente, barulho, passos rápidos, tiros... E o que mais? Talvez os criminosos abrissem a porta e o matassem por vingança. Ele precisaria então sair do colchão, correr para debaixo da mesa e, mesmo sem estar protegido – pois no porão não havia nada que oferecesse proteção –, sair da linha de fogo porta–colchão.

Esperava tal desenrolar, mas não acreditava nele. Não acreditava em erros que pudessem levar a polícia ao porão. Considerava os seqüestradores muito profissionais para cometerem um grande erro e, aliás, concluiu isso a partir daquela declaração de que eles, naturalmente, também cometiam erros, até mesmo pequenos, e de que queriam evitar cometê-los em demasia. Também não lhe saía da cabeça a idéia de que o inglês, mesmo anteriormente, pudesse ter passado pela polícia e, de alguma forma, ter mudado a fachada.

---

24. "A polícia quer nos pegar. E cometemos alguns erros. Pequenos erros, mas todo mundo erra. E quanto mais erros cometermos, mais informação a polícia conseguirá sobre nós. Querem nos deixar irritados e nervosos. A polícia não está nem ligando para você. Policiais são como bandidos – ambos são caçadores. E não vamos desistir."

A isso acrescentou-se algo que o alarmava: pelo telefone, fizeram ao Schwenn uma das perguntas de identificação, que ele tivera de formular para os seqüestradores. Foi justamente aquela sobre o tipo de defeito físico do professor Dührsen, que ambos tiveram na escola. Nenhuma questão sobre a qual Schwenn tivesse de refletir. Sendo assim, dissera-lhe o inglês, quem quer que estivesse ao telefone, não precisaria ter repetido a pergunta várias vezes depois de ter dado a resposta. Isso quer dizer que não era Schwenn quem estava ao telefone, mas provavelmente um policial, que precisou ficar perguntando e em voz alta, até que Schwenn lhe assoprasse a resposta. *O fato de* o telefone ter sido grampeado não incomodava o inglês, tampouco o fato de alguém da polícia receber o telefonema, mas aquele comportamento diletante o indignava: será que nunca tiveram a idéia de colocar um alto-falante no aparelho ou de instalar várias escutas? Se era realmente assim, evidentemente o fracasso dos pagamentos devido à presença declarada da polícia não o espantava mais. Com isso, a situação, antes misteriosa, ganhou um novo contorno. Precisava argumentar contra a idéia de que sem a captura da polícia sua vida estaria perdida e encorajar sua mulher a impor-se contra a solução dada pela polícia. Portanto, ele não tinha a mínima certeza de que iriam realmente libertá-lo após o pagamento do resgate, mas queria apressar a questão para que se chegasse a uma decisão. Menos a de ficar por mais algumas semanas aqui neste porão (e talvez depois, por pura frustração, ser assassinado). Essa transformação da falta de saída e do desconhecimento de um problema (um problema que fosse próximo à realidade) o ajudou.

Embora o fatal "não agüento mais" volte a aparecer, é um pouco atenuado estilisticamente: "Eu não quero, perdão: não agüento mais!" Caros leitores, não sou de ficar me lamuriando, trata-se aqui realmente da substância psíquica. Ele queria que incluíssem a redução de seu tempo de cativeiro no cálculo de riscos, que riscassem a palavra "só" do pensamento "só mais uns dias e talvez já encontremos o cativeiro". (O que ele não sabia era que, ao telefonar, os seqüestradores utilizavam um deformador de voz, e que Schwenn, que foi quem realmente esteve ao telefone, mal conseguiu entender as perguntas, o que explicava as repetições. Também não sabia nada dos muitos diletantismos dos seqüestradores, dos quais tomei conhecimento mais tarde. Até hoje não sei direito que função a polícia desempenhou nas tentativas de pagamento – principalmente na tentativa seguinte, na fronteira de Luxemburgo. Sei apenas que tinha sido ingênua a idéia de que sua mulher e seu advogado poderiam ter discutido juntos a carta, sem que a polícia tivesse percebido algo. As cartas foram interceptadas já no correio central e analisadas pelo serviço de identificação antes de – horas mais tarde – serem distribuídas pelo correio.)

No canto inferior direito da carta, colocou uma pequena nota: "Em anexo para Johann, uma carta separada" (para que os seqüestradores a entregassem ou, caso não o fizessem, para que pelo menos ficasse evidente que estava faltando alguma coisa).

Caro Johann,
espero voltar para vocês em breve – adoraria poder abraçar você e a Kathrin infinitamente e sinto muita falta daquela nossa bela vidinha!
Para um futuro distante, imaginei: que tal fazermos juntos uma longa viagem pelo mundo depois que você terminar o colégio? Sugiro o seguinte roteiro (pode acompanhá-lo com o atlas):

Hamburgo – Varsóvia – Cracóvia – Praga – Budapeste – Viena – Florença – Roma – Nápoles – Atenas – Delfos – Olímpia – Ilhas do mar Egeu (pausa) – Istambul – Ancara – Bagdá – Riad – Jerusalém/Tel Aviv – Cairo – Addis Abeba – Nairóbi – Harare – Madagáscar – Seychelles (pausa) – Ceilão – Bombaim – Calcutá – Nova Délhi – Nepal – Tachkent – Mongólia – Norte da China – Japão – Taiwan – Sul da China – Vietnã – Tailândia – Cingapura – Nova Guiné – Austrália (Darwin → Perth → Tasmânia) – Nova Zelândia (pausa) – Alasca – Vancouver – Quebec – Nova York – Niagara Falls – St. Louis – Salt Lake City – São Francisco – México – Guatemala – Caribe (pausa) – Peru – Brasil – Argentina – Terra do Fogo – Antártida – Tristão da Cunha – África do Sul – Congo – Marrocos – Espanha – Paris – Londres – Edimburgo – Faröer – Noruega – Finlândia – Moscou – São Petersburgo – Estocolmo – Copenhague – Hamburgo.

Assim teríamos visto alguma coisa do mundo.

Como você pode ver, tenho tempo para imaginar coisas desse tipo.

Até breve. Um abraço, do seu pai F.

Depois que pegaram a carta, ocorreu-lhe que o roteiro, escrito e imaginado por ele numa de suas muitas horas de ócio, talvez fosse ocupar alguns cérebros ou computadores da polícia, e esperava apenas que constatassem logo que não havia nada por trás disso, a não ser o sonho de uma pessoa acorrentada num porão, de dar uma volta ao mundo com seu filho, que aliás ele não sabia se iria rever.

Mais tarde fiquei sabendo que os policiais primeiro pensaram que ele tivesse ficado louco, mas depois que minha mulher os alertou, começaram realmente a cogitar uma informação secreta – em que especialmente a ausência da capital Berlim motivava perguntas, já que um dos telefonemas dos criminosos tinha sido feito em Berlim.

Não sabia que os seqüestradores tinham exigido um avião naquele meio tempo. Esse fato teria colocado em dúvida sua opinião sobre o profissionalismo deles e lhe indicado que pelo menos uma parte daquela autoconfiança, demonstrada desde a noite do seu seqüestro, não passava de megalomania. Mas talvez a exigência de um avião tenha sido apenas uma manobra para despistar.

Continuou a esperar. Soube dos telefonemas para sua casa e para os dois hotéis, pois o inglês manifestou a suspeita de que a mulher de Reemtsma tivesse sido substituída por uma psicóloga da polícia e quis certificar-se com ele. Ela não teria demonstrado nenhum sinal de medo, estaria *"far away from a nervous breakdown. She was very aggressive. She asked: 'Are you the man who kidnapped my husband?!'"*[25] Uma parte daquilo tudo voltou a se esclarecer para ele. *"That was no police-psychologist. That was her."*[26] O inglês parecia confiante. Embora o advogado Schwenn mais uma vez tenha sido extremamente complicado (*"He still folows the instructions of the police and tries to prolong the phone-calls"*[27]), o inglês acreditava na afirmação de que, daquela vez, a polícia iria ficar fora do caso.

E isso apesar de a polícia ter estado nas proximidades da cabine telefônica em Berlim, de onde ele estava ligando – foi preciso interromper a conversa. Ouviu depois o inglês dizer que o pagamento deveria ser feito no exterior. Luxemburgo. Atravessar a fronteira com vinte

---

25. "[...] longe de um colapso nervoso. Ela estava muito agressiva. Perguntou: Foi você quem seqüestrou meu marido?"

26. "Não era nenhuma psicóloga da polícia. Era ela mesma."

27. "Ele continua seguindo as instruções da polícia e tentando prolongar as conversas ao telefone."

milhões no porta-malas. *"They have to inform the police. Otherwise it would be too risky"*[28], disse ao inglês. De algum modo, ele queria despertar a compreensão do inglês para os problemas que o portador do dinheiro poderia enfrentar, e esclarecer que, até alguns quilômetros antes do local do pagamento, era necessária a presença da polícia para salvaguardar o interesse de todos.

A entrega do dinheiro deveria ocorrer sábado à noite. O inglês queria voltar na segunda-feira – na segunda à noite, Reemtsma poderia estar livre. O inglês quer sair hoje, sexta-feira: se ele precisava de algo? Pediu, como já fizera antes, uma Aspirina – tinha dores de cabeça constantes. Além disso, um descongestionante nasal – tinha a sensação de que iria ficar fortemente resfriado. Recebeu o que pedira e mais alguns comprimidos para gripe, que depois poderia usar como analgésicos. Não ficou resfriado.

Ainda não era segunda, mas domingo à tarde quando ouviu baterem uma porta no andar de cima e passos descendo a escada. Mais uma vez a polícia compareceu. E novamente Schwenn, em colaboração com a polícia, tentou enganá-los. No hotel em que deveria esperar por uma ligação, em vez dele, era um policial quem estava aguardando. Este não conseguiu responder a uma pergunta de identificação. *"We asked for the name of his late mother's former maid, and he answered: Ingrid."*[29] Esse era o nome da mãe do Schwenn, e já tinham perguntado por esse nome antes como identificação num telefonema.

Será que Schwenn entendeu mal a pergunta e não ouviu a palavra "*maid*"? "*No. The call was in German, and the German word is much longer. But nevertheless we went*

28. "Precisam informar a polícia. Caso contrário, seria muito arriscado."

29. "Perguntamos pelo nome da última empregada falecida da mãe dele, e ele respondeu: Ingrid."

on."[30] Em seguida, Schwenn levou muito mais tempo do que o necessário para fazer o caminho do hotel até o local do pagamento, e logo ali ficou repleto de carros da polícia. *"I know the place very well, and there are never cars at that time. There was police. I saw them, and they saw me. I had to leave."* E: *"I know them. They all look the same."*[31] Cada vez mais a polícia fazia pouco-caso deles. Estavam preparados para tudo, tinham o controle de tudo, dispunham de aparelhos equipados com raios infravermelhos para enxergar na escuridão. *"And if they try to catch us, we will open fire at them. It's not good to kill a policeman. If you do, the whole police of Europe will be after you, but I don't want to spend 15 years in a room like this."*[32] Não se preocupe, pensou Reemtsma consigo mesmo, se o pegarem, a convenção européia de direitos humanos se encarrega de impedir. Não vou negar que, por um momento, chegou a lamentar essa possibilidade. *"And if they kill us, no one will find you here."*[33] Será que ele não podia ter se enganado? *"No. There was police. I'm sure. Hundred percent. Hundred percent."*[34] Certa vez, Reemtsma conheceu um paranóico, cuja expressão "cem por cento" fazia parte do seu repertório favorito quando falava sobre seus perseguidores imaginários e sua existência indubitável. De repen-

---

30. "Não. A pergunta foi feita em alemão, e em alemão essa palavra é muito mais longa. Mesmo assim, prosseguimos."

31. "Conheço o lugar muito bem, e nunca tem carro ali àquela hora. Era a polícia. Eu os vi, e eles me viram. Tive de ir embora. [...] Eu os conheço. Todos têm a mesma cara."

32. "E se tentarem nos pegar, abriremos fogo contra eles. Não é muito bom matar um policial. Se você mata um deles, toda a polícia européia corre atrás de você, mas eu não quero passar quinze anos num quarto como este."

33. "E se nos matarem, ninguém vai achá-lo aqui."

34. "Não. Era a polícia mesmo. Tenho certeza. Cem por cento. Cem por cento."

te imaginou que o inglês poderia estar beirando a paranóia com toda essa inteligência de procedimento técnico e que estivesse vendo fantasmas nas situações de estresse. Se esse fosse o caso, pensou consigo mesmo, mal teria uma chance. Afastou essa idéia, já que nenhuma outra solução construtiva para o problema surgia para ele.

O inglês lhe perguntou se poderia ser pelo fato de sua mulher não querer pagar. *"And the lawyer does what she says."*[35] O que deveria responder? Tinha de tirar essa idéia da cabeça do inglês, mas não conseguia começar a explicar os princípios de sentimento dos seus familiares. Tentou ser objetivo. Situação de interesses da administração de bens e do advogado. Quanto à sua mulher: *"Money doesn't mean so much to her. For us it's not an important thing to be very rich. Money is just an instrument to get things done."*[36] O inglês replicou que as pessoas se acostumam ao dinheiro. *"This is a nasty world, you know. People are getting killed for less than 20 million." – "Well, you're telling me!"*[37] Uma das discussões mais notáveis ocorridas nesse porão.

Uma seqüência de discussões. O inglês estava furioso. Não apenas pelo fracasso do pagamento em si, mas por sentir-se aparentemente traído pelo advogado Schwenn. A mesma irritação também ficou evidente pela carta endereçada ao Clausen e ao Arndt. O inglês parecia mesmo considerar seu crime uma operação comercial que, por sua vez, estabelecia uma situação em que era possível distinguir entre o honesto e o desonesto. Essas considerações do inglês eram bizarras, mas Reemtsma

35. "E o advogado faz o que ela diz."

36. "O dinheiro não significa tanto assim para ela. Para nós não é importante ser muito rico. O dinheiro é apenas um instrumento para conseguir que as coisas sejam feitas."

37. "Sabe, esse mundo é muito cruel. Tem gente sendo morta por menos de 20 milhões." – "Bem, é você quem está me dizendo!"

esperava poder tirar ainda algum proveito delas – para o caso de a próxima tentativa também falhar. Porém o inglês também estava nervoso. *"We're running out of ideas!"*[38] Era uma declaração preocupante.

Não contavam com essa demora. Haviam imaginado apenas duas ou três situações de pagamento.

Não queriam mais trabalhar com o Schwenn: *"He is not reliable. We need some people from outside. Neutral parties."*[39] Já tinha reparado antes que seu seqüestro como que tecia um *patchwork* a partir de fragmentos de outros seqüestros – a foto do caso Schleyer, a ameaça do dedo, tirada de casos italianos, e agora era a vez do pastor Albertz*. Precisava pensar em possíveis intermediários.

Depois disso devo dizer que, apesar do choque devido ao novo fracasso da entrega do dinheiro, a noite daquele domingo e a segunda-feira seguinte foram os melhores dias no cativeiro. Nesses dois dias, o que mais houve para se fazer foi refletir. A euforia resultante da mera possibilidade de agir em pensamento, e ainda de forma a provocar conseqüências, só foi dissolvida na terça e na quarta, depois de dois dias de medo depressivo que o levaram a escrever os dois últimos planos e, para o caso de ser realmente condenado a morrer de sede no porão, escreveu novamente uma carta de despedida. Mas primeiro vamos à questão dos nomes.

Não estava claro para ele em que tipo de "partes neutras" os seqüestradores estavam pensando. E mesmo

---

38. "Estamos ficando sem alternativas."

39. "Ele não é confiável. Precisamos de algumas pessoas de fora. Partes neutras."

* O pastor Heinrich Albertz, que foi prefeito de Berlim Ocidental por pouco mais de um ano (1966-67), ofereceu-se como refém para os terroristas da RAF (Facção do Exército Vermelho) em março de 1975, quando estes seqüestraram Peter Lorenz, na época presidente do CDU (Partido Democrata Cristão). (N. da T.)

para eles não estava claro, pois, apesar de ele querer saber em quem estariam pensando, combinaram de não sugerir nada além de *"someone of the church perhaps"*[40]. Não conseguia tirar o modelo "Albertz" da cabeça e por isso pensou nas categorias "igreja" e "política". Não pertencia a nenhuma igreja e também não lhe ocorria nenhum membro de alguma igreja, a não ser o pastor que fez o enterro de sua mãe há dois meses. Sendo assim, restava a "política". Um ex-político. Alguém de nome. O primeiro que lhe veio à mente foi Klaus von Dohnanyi.

Perguntou: *"What do you think of someone like Klaus von Dohnanyi? He is the former Lord-Mayor of Hamburg. He knows me, I know him. He is now engaged in East Germany, and I do not know his address, but it should be easy to find out."*[41] O inglês concordou: seria uma boa idéia. *"Politicians want success."*[42] Até certo ponto.

Naquela noite, continuou a refletir sobre a sugestão e concluiu que estava a ponto de desencadear uma ação suicida. Dohnanyi estaria pronto para ajudá-lo imediatamente – ele não tinha a menor dúvida disso –, mas em primeiro lugar estava convicto de que Dohnanyi não faria nada que viesse de encontro à sugestão da polícia, e, em segundo, a entrada de um político em cena, na dúvida, iria fazer com que aumentasse o número de policiais convocados. Dohnanyi não teria nenhuma chance de agir sem ser observado pela polícia. Sendo assim, deixou de lado o nome Dohnanyi.

---

40. "Talvez alguém da igreja."

41. "O que você acha de alguém como Klaus von Dohnanyi? Ele é o ex-prefeito de Hamburgo. Ele me conhece, eu o conheço. No momento anda ocupado com a Alemanha Oriental, e não sei seu endereço, mas deve ser fácil localizar."

42. "Políticos querem a fama."

A quais critérios a pessoa deveria satisfazer? Ela precisa convencer os seqüestradores, pensou. Precisa conquistar a confiança de todos eles. Talvez precise ter certa proeminência ou um cargo público. Não deve depender de mim. Precisa querer me salvar. Notou que não havia muitas pessoas que preenchessem todos esses quesitos. Pegou uma folha, escreveu alguns nomes. Escrevia, riscava. De repente, num estalo, surgiu o nome Lars Clausen. O nome ficou. Lars Clausen. Quando me vem essa lembrança, ocorre-me também o seguinte: Clausen, como professor de sociologia em Kiel e presidente da Sociedade Alemã de Sociologia, era uma figura pública o bastante para convencer os seqüestradores.

Talvez, em relação à polícia, tivesse menos autoridade como funcionário, mas certamente a tinha como pessoa.

Esse fato era importante, pois Clausen tinha de chegar ao dinheiro de alguma forma, e quanto a isso preciso intervir um pouco. No seu porão, devo repetir, ele não sabia em que situação estava escrevendo. Ocorreu-lhe a clássica pergunta: será que um ótimo jogador de xadrez, que só conhece o movimento das peças brancas, é capaz de reconstruir a partida inteira? Ele só conhecia cada terceiro movimento das peças brancas e provavelmente ainda seria trapaceado. Em dado momento, o inglês lhe disse que diante da porta da sua casa, sobre uma carta, deixaram uma granada capaz de explodir. Quando sua mulher notou e constatou seu desaparecimento? Onde foram colocadas a carta e a granada? Seria possível ela ter tropeçado na granada? Será que estava morta? A pergunta que teve de responder, e as outras que tinha lido nos anúncios do *Hamburger Morgenpost*, seu filho também poderia ter feito. Eram todas relativas às conversas particulares de família. Pensava: só falta dar tudo certo e eu chegar em casa receber a notícia – “sua mulher morreu". Afastou esse pensamento. Conseguiu impor-lhe o tabu de não ser mais relembrado. Só restou o seguinte: preciso então sobreviver de qualquer jeito por causa do meu filho. Isso fez com que traçasse mais dois planos para o caso de um novo fracasso.

Precisava, portanto, encontrar alguém que pudesse ir a uma empresa, possivelmente dirigida apenas por desconhecidos, identificar-se por carta *e* pessoalmente como autoridade, e que pudesse também buscar vinte milhões.

Clausen. Também achava que Clausen, de algum modo, pensava como ele. Não importa o que estava acontecendo lá em Blankenese, ele gostaria que o parecer e o modo de pensar de Clausen estivessem lá. Isso foi o principal, o verdadeiro motivo para a sua decisão. (Mais tarde a função de Clausen ficou sendo outra. Não precisou bancar o conselheiro. Contudo, só mais tarde fiquei sabendo o quanto sua decisão no porão tinha sido correta. Sua mulher tinha pedido a Clausen para que ele ouvisse o conselho de um dos dois homens da ESPO, que ajudaram a preparar a última entrega do dinheiro, e Clausen respondeu que ouviria com prazer, mas que ele mesmo iria decidir o que fazer.) Mas, Deus do céu! Será que Clausen tinha mesmo carteira de motorista? Não sabia.

Novamente o inglês pôs a igreja em jogo – sabe-se lá por quê. Talvez fosse em virtude da sua mentalidade de roteirista de cinema, ou quem sabe por uma notável compreensão da honra (será que um pastor os enganará?). O problema era o que tinha sido exposto. Não conhecia ninguém. Será que ele deveria pedir à pontífice da diocese da região ao norte do rio Elba pela delegação de um pastor? De todo jeito, isso era absurdo; além do mais, demoraria dias e não ficaria em segredo. Mas então lembrou que conhecia muito bem um pastor, só que de circunstâncias originalmente não religiosas para ele. Christian Arndt, da paróquia St. Pauli. Tinha sido membro do grupo de intermediários no conflito por causa da Hafenstraße, em Hamburgo, no ano de 1987, da qual ele próprio também fez parte. Sendo assim, Reemtsma escreveu mais esse nome, destacando o fato de que a conhecida relação crítica que Christian Arndt tinha com o Estado e com a polícia podia ser tanto uma desvantagem quanto uma vantagem.

Certamente Arndt não iria querer colaborar com a polícia por pura simpatia individual, porém, por outro lado, poderia chamar atenção para ele mesmo.

Havia ainda outros nomes na lista, mas prefiro não mencioná-los aqui. Não gostaria nem de pregar um susto inocente em alguém, nem de magoá-lo por não tê-lo mencionado. Em todo caso, o inglês decidiu falar tanto com Clausen quanto com Arndt e pedir que ambos efetuassem o pagamento. Telefonou-lhes e à noite contou-lhe sobre os telefonemas. Segundo o inglês, Clausen ficou muito espantado, não queria acreditar. Colocou-se à disposição, contanto que, evidentemente, recebesse uma carta do sr. Reemtsma provando que não se tratava de "nenhuma brincadeira de mau gosto". (Mais tarde fiquei sabendo por Lars Clausen que ele tinha sido informado pouco antes. Fingira com perfeição.) Arndt também já estava pronto. Só alertou para a possibilidade de seu telefone estar grampeado. O inglês estava muito satisfeito: finalmente um profissional, e alguém que não gostava da polícia. Então era a vez das cartas. E... mencionou o valor do resgate: agora era de trinta milhões. Antes de Luxemburgo, já tinham ameaçado aumentar e agora precisavam cumprir. Já não tinham levado a sério a ameaça de lhe deceparem um dedo.

Por acaso imaginavam que ele simplesmente imprimia o dinheiro em casa? Ele sabia que não seria difícil arranjar vinte milhões. Ouviu uma vez que, em casos de seqüestro, a polícia conseguia providenciar rapidamente quantias como essa para emprestá-las às famílias dos seqüestrados.

Mas dez a mais? De todo jeito, iria levar tempo. Disse isso ao inglês. Não seria problema, eles também precisavam de tempo para imaginar outro local para o pagamento. Escreveu em seu diário: "Tenho de me preparar para mais duas semanas (se tudo der certo!)." Não estava errado. *"You could have been free after one week. You're still here and it costs you ten million more. Thank your stupid lawyer."*[43]

Para Lars Clausen:

Caro sr. Clausen,

é verdade sim: há três semanas fui seqüestrado diante da minha casa e desde então estou passando o tempo em algum lugar na Alemanha, num porão, preso a uma corrente. O resgate exigido era de vinte milhões, mas agora, depois de três pagamentos fracassados, é de trinta milhões. Houve vários tipos de contato, por fax, telefone, carta, anúncio em jornal. Houve também encontros – tudo fracassou. Evidentemente só tenho tomado conhecimento do que tem acontecido pelos relatos daqueles que estão me prendendo aqui, mas tudo parece bem plausível. Da primeira vez, o encarregado pela Kathrin, Gerhard Schwenn (do escritório de advocacia Senfft, Kersten, Schwenn), não apareceu (uma foto minha que exigiram estaria faltando); da segunda vez, o trajeto estava sendo vigiado pela polícia, os seqüestradores perceberam e foram embora. Depois houve problemas ao telefone, parece que G. S. foi substituído

43. "Você podia ter sido libertado após uma semana. Ainda está aqui e isso lhe custa dez milhões a mais. Graças à estupidez do seu advogado."

por um policial e só conseguia responder às perguntas de identificação após várias repetições em voz alta (para depois assoprar as respostas).
Houve outros contatos por telefone que não chegaram a aplacar a desconfiança. Apesar disso, fizeram uma terceira tentativa via Luxemburgo – lá, mais uma vez, a polícia esteve presente, e os seqüestradores deram meia-volta e foram embora. Não posso julgar se eles, neste ou naquele caso, apenas imaginaram que estavam sendo observados pela polícia, mas estou propenso a não acreditar nisso. A partir do momento do seqüestro tive a certeza de que não se tratava de amadores, nem de pessoas que cometem erros por puro nervosismo. Não sei quantos são, mas são mais de um. A consciência de sua capacidade é correspondente: no que depender deles, assim dizem, esse seqüestro ainda pode continuar por muito tempo, mas, por outro lado, as possibilidades de negociação vão se estreitando, e toda paciência tem seu limite. E com isso chego a mim. Toda essa demora não só adiou o problema, como também o aumentou, pois a cada vez são feitos novos cheques de caução etc. As minhas forças se esvaem dia a dia. Tenho em casa um filho e uma mulher que não sabem quando ou se voltarão a me ver – esforço-me para não pensar nisso, porque senão mal conseguiria me manter firme. Interrompo aqui. Por parte dos seqüestradores, não existe mais confiança em G. S. Também acredito que ele – por motivos éticos, porém imprudentes – esteja seguindo a orientação da polícia (e esta – para o sociólogo não é nenhuma novidade o que vou dizer – jamais diria: deixe-nos fora disso). A Kathrin também parece não estar conseguindo se impor – ou talvez haja aí uma ação arbitrária da polícia?

Em todo caso, não faz sentido começar a quarta tentativa da velha maneira. Por isso, indiquei o senhor e o pastor Christian Arndt para conduzir as negociações com os seqüestradores e organizar o pagamento. Sei que isso é exigir demais do senhor, mas não são muitas as pessoas (a) que não dependem de mim, (b) que não estão a par da situação, (c) e que têm uma relação amigável comigo. Agradeço-lhe muito por já ter declarado ao telefone que estaria à disposição. Peço-lhe que cuide para que os trinta milhões sejam pagos sem a interferência da polícia. E, por favor, faça isso o mais depressa possível. Vinte milhões já estão à disposição. Escrevi à Kathrin para que ela deixasse que os outros dez milhões fossem providenciados.

Caro sr. Clausen, mais uma vez: desculpe-me pelo meu pedido, pois já não sei mais o que fazer. Se continuar disposto a fazer isso para mim, autorizo o senhor e o pastor Arndt a negociar para mim (e por mim) e a entregar o dinheiro.

Evidentemente o senhor deve estar se perguntando até que ponto estou escrevendo esta carta espontaneamente. Bem, estou acorrentado e tenho medo. E acredito realmente – e tenho motivos para isso – que um pagamento sem a interferência da polícia é o mais seguro para mim. Para o reconhecimento, uma declaração cujo teor de autenticidade apenas eu e o senhor conhecemos, dentre todos por quem esta carta irá passar: o autor preferido do sr. Fohrbach chama-se Hackländer.

Caro sr. Clausen, espero nos vermos em breve, para que eu possa agradecer-lhe (já o faço de antemão).

Do seu amigo,
no momento bastante desesperado,
Jan Philipp Reemtsma

Em seguida, o endereço de Christian Arndt, que os seqüestradores haviam encontrado e anotado para ele e, na palavra "desesperado", um asterisco remetendo à nota de rodapé "Dessa vez <u>tem</u> de dar certo de todo jeito! Não <u>posso</u> mais esperar!"

Para Christian Arndt:
15/4/96
Caro sr. Arndt,
hoje o sr. foi informado de que fui seqüestrado – há três semanas. Desde então, estou passando o tempo em algum lugar na Alemanha, acorrentado. Houve vários contatos com minha mulher e nosso advogado (Gerhard Schwenn, do escritório de advocacia Senfft, Kersten, Schwenn), três tentativas de pagamento do resgate – tudo fracassou. Escrevi mais detalhadamente sobre a situação ao professor Clausen, a quem também pedi ajuda. Vocês poderão trocar essas informações. Por parte dos seqüestradores, não há mais confiança no advogado, e eu também acredito que ele – por motivos éticos, porém imprudentes – esteja seguindo a orientação da polícia (que mais aconselharia para que a deixassem fora do caso). Se minha mulher não está conseguindo se impor, se compartilha da mesma opinião da polícia, se a polícia está agindo arbitrariamente, não sei. Talvez todos estejam fazendo pouco-caso do profissionalismo dos seqüestradores que, pelo que deu para perceber em pouco tempo, são tudo, menos amadores. Não sei quantos são, mas são mais de um. Depois de três fracassos, resolveram aumentar o valor do resgate de vinte para trinta milhões.
Não importa qual das possíveis interpretações é a correta. O que não tem sentido é fazer uma quarta tentativa com a mesma equipe da terceira.

Indiquei o senhor e o professor Lars Clausen para negociar com os seqüestradores e organizar o pagamento. Sei que é exigir demais do senhor, mas não são muitas as pessoas que não só estão alheias à situação, como também estão ligadas a mim por atividades em comum e que não dependem de mim. Agradeço-lhe muito por já ter declarado ao telefone que estaria à disposição. Se quiser continuar à disposição (e, novamente, desculpe-me pelo pedido, mas não sei mais o que fazer), autorizo o senhor e o professor Clausen a negociar para mim (e por mim) e a entregar o dinheiro.

Permita-me acrescentar uma observação pessoal: todo fracasso não custou apenas tempo, mas um tempo cada vez maior, pois, evidentemente, os cheques de caução sempre acabam ficando mais rigorosos. Três semanas nessas condições (uma família em casa que não sabe quando e se vai me rever com vida) são extremamente longas, e estou consumindo muita energia de uma reserva que também é limitada. (Chega!)

Evidentemente o senhor deve estar se perguntando até que ponto estou escrevendo esta carta espontaneamente. Bem, estou acorrentado e tenho medo. E acredito realmente – e tenho motivos para tanto –, que um pagamento sem a interferência da polícia é o mais seguro para mim. Para o reconhecimento, uma declaração cujo teor de autenticidade apenas eu e o senhor conhecemos, dentre todos por quem esta carta irá passar: o nome de um membro do nosso grupo mediador no caso Hafenstraße era Hans Joachim.

Caro sr. Arndt, espero nos vermos em breve para que eu possa agradecer-lhe (já o faço de antemão).

Do seu amigo

Jan Philipp Reemtsma

Em seguida, o endereço e o número do telefone de Lars Clausen.

Para a mulher do seqüestrado (o inglês não aceitou a primeira versão desta carta, porque lhe pareceu comedida e fria demais):

15/4/96
Querida Kathrin,
hoje à noite já poderia estar com vocês. Ontem recebi a notícia: falhou novamente, a polícia estava por toda parte. Não sei que conclusões devo tirar. Acredite-me: um pagamento sem a polícia é o mais seguro para mim! Ou será que a polícia está agindo sem o conhecimento de vocês? Naturalmente também pode ser que os seqüestradores tenham se descontrolado e visto fantasmas – mas não é a impressão que dão. Não são amadores! Estou tentando me colocar no seu lugar, mas mal consigo fazer isso, porque depois me sinto tão deprimido que chego a ficar desorientado, principalmente quando penso no Johann! Mas vocês precisam encarar isso como um tipo brutal de transação comercial, e que vai dar certo: dinheiro contra JP. (É muito penoso – isso mesmo, não é difícil, mas penoso – escrever para você. Conservo meu ânimo, que nesse meio tempo ficou pequeno demais, tentando me distrair, mas por quanto tempo isso ainda vai durar?)
Vamos aos fatos rápida e friamente: aumentaram o resgate de vinte para trinta milhões. Por favor, providencie os dez milhões a mais – eles não confiam mais no Gerhard. Eu também acho que uma nova versão das tentativas anteriores não leva a nada. Solicitei dois intermediários alheios à situação e autorizei-os a conduzir as negociações e a entregar o dinheiro: Lars Clausen e Christian Arndt. Ambos declararam por telefone estarem prontos para ajudar.

Essa é, portanto, a melhor saída. São pessoas que vêm de fora e põem a situação em movimento. De todo jeito, a coisa já está amarrada, e a perspectiva de ainda ter de passar semanas e mais semanas aqui é horrível! Ah, Kathrin, não gosto de ficar me lamentando, de deixá-la mais preocupada do que você já deve estar. Pegue Johann nos braços por mim e abracem-se com força! Vamos torcer para que dessa vez dê certo! Dessa vez tem de dar certo! Não posso mais esperar!

Amo-os muito!

Do seu, bastante desesperado,

Jan Philipp

(Em anexo, estou mandando algo menos triste para o Johann.)

Para Johann:

Caro Johann,

tinha tanta esperança em poder estar logo com vocês (e já estava ficando supersticioso quando vi o que aconteceu hoje, dia 15/4, no ano de 1960 – pois é, também quem mandou ser supersticioso!).

Só precisamos ter um pouco mais de paciência. Vai dar tudo certo.

Por acaso você tem idéia de quanto eu o amo? Aposto que não. Até breve, com certeza.

Do seu pai F.

Supersticioso: nessa data, a *Crônica* registrava a libertação de uma criança seqüestrada, pertencente à família Peugeot.

Ao entregar a carta, viu no *Morgenpost* um anúncio que continha uma outra pergunta para saber se ele ainda estava vivo. Pediu para que o deixassem escrever a resposta correspondente naquela mesma carta. Recusaram. Primeiro, porque, de qualquer modo, aqueles eram anúncios de rotina elaborados pela polícia (o que, como fiquei sabendo depois, era verdade) e, além do mais, não estavam mais entrando em contato com a sua família. A própria carta para a sua mulher seria anexada à destinada a Lars Clausen. De forma ríspida e ainda muito aborrecido disse: *"We won't have contact with your family anymore! On principle!"*[44]

Isso foi na terça-feira, 9 de abril. Na sexta, voltaram a falar com Clausen e Arndt. O inglês estava satisfeito de novo. Conversou com Arndt, que foi rápido, claro e preciso. *"He didn't play around and ask silly questions like your lawyer."*[45] Se ele conhecia um tal de Michael Herrmann e se era confiável? Era ele quem deveria ser o segundo a entregar o dinheiro, em vez de Clausen. *"Perhaps Clausen can't drive or is too old."*[46] Sim, Michael Herrmann era de confiança. Não, ele não tinha medo que Herrmann pudesse sumir com o dinheiro.

O estranho é que Arndt tinha dito que Herrmann havia entrado em contato com a família, mas não que Herrmann devia ser o segundo portador do dinheiro. Contudo, a polícia logo divulgou a versão de que Herrmann é quem deveria entregar o dinheiro. Isso é mais um indício para a interpretação de que os seqüestradores teriam, não se sabe como, obtido informações de Hamburgo. Uma outra informação veio pouco depois. *"Maybe your wife has thrown the police out of your house"*[47], disse o inglês em algum momento, e a frase

---

44. "Não vamos mais entrar em contato com sua família! Por princípio!"

45. "Ele não enrolou nem fez perguntas idiotas como o seu advogado."

46. "Talvez Clausen não saiba dirigir ou seja muito velho."

47. "Pelo visto sua mulher pôs a polícia para fora da sua casa."

"pôs para fora de casa" andava à solta no meio policial (e, mais tarde, voltou a ser encontrada na imprensa). É evidente que os caminhos que essas informações tomam até chegar aos seqüestradores podem ser vários. A possibilidade de a fonte de informação se encontrar diretamente na polícia é puramente teórica, contudo, deve ser levada em consideração como algo rotineiro, assim como a polícia precisou levar em consideração que ele apenas tinha simulado um seqüestro. Outra possibilidade é a imprensa. Especulações sobre o número de criminosos foram utilizadas na primeira informação jornalística e devem ter sido espalhadas. Após a divulgação do seqüestro, a imprensa cercou nossa casa, e Michael Herrmann foi visto. A idéia de que ele poderia ser o novo portador do dinheiro pode simplesmente ter sido uma especulação empregada em vários meios de comunicação. Por fim, a imprensa observou que a polícia deixou nossa casa. A frase "sua mulher pôs a polícia para fora" poderia ser meramente o relato exagerado do fato observado, de que a polícia havia deixado a casa. Suponho que a polícia tenha vigiado pelo menos Arndt e Herrmann em algum momento, de forma intencionalmente visível – isso, por sua vez, não deve ter escapado aos jornalistas que, no máximo depois da entrada de Herrmann no caso, devem ter começado a investigar.

Como a imprensa obedeceu à ordem de silêncio, nenhum jornal levou vantagem em tempo ou exclusividade, e logo a seguir não se falava em outra coisa em Hamburgo. Para os seqüestradores, portanto, talvez bastasse uma sentinela na cidade, que circulasse pelos bares correspondentes – isto é, por aqueles em que repórteres policiais e cafetões se encontravam para dizer boa-noite. Seja como for, quando a ESPO assumiu o comando secundário, divulgaram intencionalmente a informação de que a polícia, daquele momento em diante, ficaria fora do caso, e de que o comportamento dos seqüestradores não seria mais o mesmo. Se antes eles davam muita importância à aparência das bolsas, nas quais o dinheiro deveria ser colocado, para dificultar a ação de possíveis remetentes etc., na última entrega não se mostraram nem um pouco interessados nesses detalhes.

Um dia, Reemtsma chegou a comentar o aumento do resgate: que idéia eles realmente faziam da sua situação financeira? Oh, ele tinha herdado trezentos milhões (estavam apenas mal informados), *"and you should have tripled the amount"*[48]. Eles o estavam superestimando. Se ele pagava impostos? Pagava. Ou se investiu muito em propriedades? Não. Então ele devia ter, no mínimo, duplicado o dinheiro. Estavam esquecendo as grandes somas que ele teve de levantar anualmente para o instituto e para outras instituições sem fins lucrativos. O inglês não aceitou a justificativa. *"If your trustees didn't double your money, they are ripping you off. I would have tripled it. The eighties were a gold rush."* – *"Do you want to make me an offer?"*[49]

Pelo visto, para o seqüestrador, ele se transformava, a olhos vistos, num tolo. Sua mulher provavelmente não queria mais tê-lo de volta, seu advogado o havia abandonado, a administração de seus bens não funcionava, e ele foi capturado como um passarinho. Pois é, tudo isso o magoou um pouco, mas não era o problema principal. Mais interessante foi o que o inglês deu a entender nessa rápida discussão. O desconhecido, que mais tarde a imprensa descreveu em alto estilo, ao contrário do que fez com seus cúmplices, descritos como "o Gordo e

---

48. "E você deve ter triplicado o valor."

49. "Se seus administradores de bens não duplicaram seu dinheiro, é porque o estão roubando. Eu teria triplicado. Os anos 80 foram a corrida do ouro." – "Está querendo me fazer uma proposta?"

o Magro" para o programa de TV *Supercérebro* (pois se aquele que teve a foto publicada para a captura é idêntico ao inglês, só um processo pode provar), apresentou-se na sua mistura de profissionalismo exposto e ostentação como amálgama de Horst Tappert e Günter Neutze no filme *Os cavalheiros querem dinheiro*. Ele queria dar "o grande golpe", tinha também providenciado muitas coisas, refletido bastante, menos no que deveria fazer caso seus planos não corressem como havia imaginado – o que acontece com a maioria dos idiotas. Por isso, por puro diletantismo, foram necessárias quase duas semanas a mais entre o pagamento fracassado em Luxemburgo e a data prevista para o próximo pagamento. O raciocínio do inglês também era totalmente unidimensional, não abrangendo as conseqüências que ele mesmo e seus cúmplices poderiam sofrer pelas suas próprias decisões, como fiquei sabendo mais tarde. Os seqüestradores não trabalhavam direito. Não sabiam lidar com a idéia de enviar informações por fax sem a identificação do remetente. Não sabiam manejar o deformador de voz que usavam para as conversas imediatas ao telefone. Não conseguiam, sobretudo, transmitir as instruções de forma precisa para os portadores do dinheiro, confundiam convergências com cruzamentos, não sabiam interpretar direito os dados do mapa e assim por diante.

Depois fiquei feliz por ele não ter desconfiado de nada disso enquanto estava no porão, se bem que essa ignorância, como já foi mencionado, o levava forçosamente a solidarizar-se com o ponto de vista dos seqüestradores.

Quando conversou com o inglês sobre o aumento do resgate, este lhe disse que não era pelos dez milhões a mais, mas só pelo princípio: *"We have to punish them."*[50] Uma mentalidade notavelmente inflacionária. *"Maybe we*

50. "Precisamos puni-los."

can't transport the ten million, I don't know, I don't want to cut a lot of paper into little pieces to find out."[51] Inflação: o dinheiro que não foi planejado – substituto de um dedo, para muitos certamente de muito mais valor que apenas um dedo – transformou-se num monte de papel. Porém, um monte de papel era necessário para o plano dos seqüestradores, para a própria questão do tamanho que um recipiente deve ter para comportar vinte milhões em notas de mil, qual o seu peso e assim por diante. Para ele, no porão, o dinheiro significava *resgate*, nada mais que isso. No entanto, quando a quantia foi aumentada, pensou também nas conseqüências: quanta coisa daria para fazer com essa importância que, na sua maior parte, seria cobrada por alguns lavadores de dinheiro, antes mesmo de os próprios criminosos provavelmente o perderem em parte no jogo ou desperdiçando-o, em parte usando-o para organizar outros crimes. O que ele iria realmente fazer, perguntou ao inglês, com o dinheiro que não seria capaz de transportar? É lógico que o seqüestrado bem que gostaria de receber esse dinheiro de volta, mas pediu sobretudo para que não o jogassem simplesmente na floresta.

Viu esse risco naquela mentalidade dos seqüestradores de "o que não pudermos aproveitar é papel" e imaginou como seriam as notícias, caso viesse a ser libertado. "Família Reemtsma paga dez milhões a mais! Seqüestradores simplesmente jogam o dinheiro fora!" Previu como seriam as cartas de todos aqueles que, com certa razão, achariam que seria melhor ter-lhes dado uma parte da quantia paga para guardar do que deixá-la ser levada pelo vento na floresta. A imagem de um maço de dinheiro traz consigo outras idéias de repartição justa do

---

51. "Talvez a gente não consiga transportar mais dez milhões, não sei. Não vou cortar um monte de papel em pedacinhos para saber se dá ou não."

dinheiro, totalmente diferentes da informação de que, para a implantação de um artigo de marca como teste no mercado, seriam necessários vinte milhões, ou da informação de que uma das pontes que já estava ameaçando desabar antes mesmo da sua inauguração havia custado duzentos milhões. Ele também sabia que, com esse seqüestro, seu risco de vida aumentaria (o estilo de muitas cartas que recebi mais tarde confirmou-me isso), e ainda por cima com notícias naquela condição. *"No one has been kidnapped twice"*,[52] respondeu o inglês, mostrando com isso sua estranha relação com modelos. Aparentemente, tinha lido muito sobre o tema e sentia-se como um *expert* que sabia o que podia e o que não podia acontecer.

Reemtsma queria descobrir um pouco mais sobre o inglês e, na segunda metade do tempo, tentava sempre iniciar uma conversa com ele – com cuidado, pois não desejava receber informações expressivas *demais*. Comentou sobre a proporção de logística e despesa que um seqüestro desses implica e ouviu o seguinte: para cada ligação telefônica, andavam uns cem quilômetros; para cada pagamento, tinham de roubar carros só para isso; a preparação de tudo tinha custado duzentos mil marcos. Será que ele tinha ouvido direito?

Duzentos mil marcos lhe pareciam um exagero. Por outro lado: o que ele sabia sobre o número de participantes, com base numa estimativa da quantia total? Quanto custava um profissional valente como aquele que o havia dominado e, segundo o inglês, estava "bem longe" há muito tempo? Como fiquei sabendo mais tarde, o aluguel da casa onde havia o porão custou em torno de vinte mil marcos. Se ele não queria fazer valer seu talento numa outra profissão? *"I didn't inherit 300 million, and you don't know what it's like to live on three or five thousand marks a month."* – *"Don't underestimate my*

52. "Nunca alguém foi seqüestrado duas vezes."

imagination. But I meant jobs with much higher salaries." – *"Well, you'll be fifty or so before you earn the real big money, and then your life is over. And don't forget, now I won't have to work for years!"*[53] Só por vários anos e não pelo resto da vida? Afinal de contas, para quem é razoavelmente prudente e não se permite doações generosas, trinta milhões deveriam ser suficientes para se ter luxo a vida inteira (evidentemente, esse sarcasmo não foi proferido): *"You will enjoy the money?"* – *"Of course!"* – *"Well, it's a lot of money for one person. Of course I don't know whether you work on your own or if you're part of a larger organization..."*[54] No fundo, essa foi uma observação muito arriscada, e o inglês não a respondeu.

Uma outra vez: *"Why did you choose me? I know that it was easy to catch me – but before you found that out, what was the reason to look after me?"* – *"We have a list. And we thought it should be easy with you. You don't need the money for maintaining your lifestyle. You didn't earn your money, you inherited it, and someone who didn't work for his money will give it away more easily."* – *"And how did I appear on that list?"* – *"Some of the interviews you gave last year."*[55]

---

53. "Não fui eu quem herdou trezentos milhões, e você não sabe como é viver com três ou cinco mil marcos por mês." – "Não subestime minha imaginação. Mas quis dizer trabalhos com salários bem mais altos." – "Bem, você vai ter uns cinqüenta anos antes de ficar realmente rico, e depois sua vida acabará. E não esqueça, agora eu não vou precisar trabalhar por vários anos!"

54. "Você vai aproveitar o dinheiro?" – "Claro!" – "Bem, é muito dinheiro para uma pessoa só. É claro que eu não sei se você trabalha por conta própria ou se faz parte de uma organização maior."

55. "Por que escolheram justo eu? Sei que foi fácil me pegar – mas antes de descobrirem isso, qual foi a razão para irem atrás de mim?" – "Temos uma lista e achamos que seria fácil com você. Você não precisa do dinheiro para manter seu estilo de vida. Não ganhou seu dinheiro, herdou-o, e quem não trabalha para ganhar seu próprio dinheiro, o dá com mais facilidade." – "E como eu apareci nessa lista?" – "Algumas das entrevistas que deu no ano passado."

(Não foram muitas. Apenas uma, para a revista *Spiegel*, era de âmbito nacional.) *"But it was not that easy. It took us six weeks to find out where you live. And then you were on holidays for two weeks."*[56] Portanto, tinham-no vigiado por várias semanas. Duas semanas de férias escolares, tiradas para esquiar, haviam atrapalhado o projeto deles.

Finalmente: *"Do you think sometimes about the price people have to pay for what you're doing? I do not speak about the money." – "You mean the moral question involved?" – "Yes." – "Well, you think about that before. You don't start a thing like this and suddenly you say to yourself: O my God, what am I doing! As long as you don't hurt people or do worse things to them."*[57] Era assim, portanto, que deveria ser: tudo o que estava por trás de assassinato e mutilação era *"just business"*, e – se não fosse assim – o inglês frisou várias vezes, além de ter escrito ou mandado escrever, que a morte de pessoas estava inteiramente incorporada aos seus planos como eventualidade. "De todo jeito vamos matar o sr. Reemtsma...", "abriremos fogo sem avisar...", *"no one will find you here!"*[58] Mas o inglês sempre tentava traçar uma imagem dele mesmo e da situação criada, em que ele era o executivo realista que não queria ser responsabilizado por tudo o que a idéia de uma transação ilegal, mas determinada apenas por cálculos, pudesse acarretar.

---

56. "Mas não foi tão fácil assim. Levamos seis semanas para descobrir onde mora. Depois você tirou duas semanas de férias."

57. "Você chega a pensar às vezes no preço que as pessoas têm de pagar pelo que vocês estão fazendo? Não estou falando de dinheiro." – "Você quer dizer a questão moral que está envolvida nisso?" – "É." – "Bem, a gente pensa nisso antes, sim. Não dá para começar uma coisa dessas e de repente dizer para si mesmo: Ai, meu Deus! O que estou fazendo!? Contanto que você não machuque as pessoas ou faça algo pior a elas..."

58. "Ninguém vai encontrá-lo aqui."

Esse ímpeto infantil pertencia a um dos impulsos mais inquietantes naquela figura que o seqüestrador teve de construir a partir de poucas frases.

O próprio seqüestrado era culpado por terem batido nele, porque reagiu (*"You must have drunk alcohol, otherwise you wouldn't have fought"*[59]). O fato de terem tido de aumentar o valor do resgate (*"Thank your stupid lawyer"*[60]) também era de sua responsabilidade, bem como o período que estava passando no porão, tanto quantitativa (*"It was too long, but this should have lasted only five days or a week maximum if your family hadn't trusted the police"*[61]) quanto qualitativamente (*"I wonder what you are doing all the time – I would sleep all day long"*[62]). Por fim, o inglês parecia até mesmo achar que merecia o aumento de dez milhões como bônus, pois chegou a mencionar duas vezes o caso do seqüestro de Oetker: na primeira vez, com uma espécie de repreensão que levava a pergunta a *"the moral question involved"* (*"You keep me here for days and weeks, my wife, my thirteen years old son don't know whether they'll see me alive again"*[63]); na segunda vez, com uma espécie de brincadeira (*"30 million – do you want to break the record of 21 million?"*[64]), dizendo algo semelhante em ambas as ocasiões: *"Don't forget, they kept Oetker in a chest for 48*

59. "Você deve ter bebido, caso contrário, não teria lutado."

60. "Graças à estupidez do seu advogado."

61. "Foi muito tempo, mas esse seqüestro deveria ter durado apenas cinco dias ou, no máximo, uma semana, se sua família não tivesse confiado na polícia."

62. "Queria saber o que você fica fazendo o tempo todo – eu dormiria o dia inteiro."

63. "[...] a questão moral envolvida (você está me mantendo aqui por dias e semanas. Minha mulher, meu filho de treze anos não sabem se vão me ver vivo de novo.)"

64. "(Trinta milhões – quer quebrar o recorde de vinte e um milhões?)"

hours, and with electric shocks."[65] Não, isso ele não esquecia nunca naquele porão, porque lá não dava para esquecer nunca o que *ainda* poderiam ter-lhe feito. Contudo, o fato de o inglês querer contar como mérito o que *não* havia feito em trinta e três dias é um sinal de abandono moral significativo. Uma atitude compatível com uma perspicácia notável, no que se referia ao significado e às conseqüências de seu crime. O inglês completou a frase de que nunca alguém tinha sido seqüestrado duas vezes, com o prognóstico: *"There will be other follow-up kidnappings, of course."*[66]

Os quatro casos de seqüestro dos seis meses seguintes – entre eles dois assassinatos de reféns – também faziam parte do domínio de responsabilidade levado em conta nesse crime, e o inglês contou-lhe isso com bom humor no porão.

Aguardava a próxima tentativa de pagamento sem se mostrar otimista demais. Dominava-o a idéia de que a sucessão de fracassos não teria fim. Não vai dar certo, dizia a si mesmo. Não vou mais sair deste porão. Talvez o Clausen e o Arndt não consigam nem pegar o dinheiro. Só de imaginar que lá fora, em Hamburgo, poderia ter acontecido alguma desgraça por causa da granada, que sua mulher talvez não estivesse mais viva e que por isso houve todos aqueles problemas com relação ao pagamento, sentiu-se obrigado a pensar que não *podia* morrer, que *tinha* de sair dali, e se a próxima tentativa falhasse, não podia mais deixar os seqüestradores inventarem as situações, ele mesmo tinha de pensar em algo. Só que não lhe ocorria nada. Se der errado de novo, existe apenas uma pessoa que pode arranjar esse dinheiro

---

65. "Não esqueça, mantiveram Oetker numa caixa por quarenta e oito horas, e com choques elétricos."

66. "É claro que vai haver outros seqüestros depois deste."

para os seqüestradores, e sou eu mesmo, pensou. Precisaria esclarecer isso para eles. Mas essa idéia é a mais absurda que alguém pode se propor a colocar na cabeça de um seqüestrador: libertar seu refém e acreditar que ele, de livre e espontânea vontade, retorne com o resgate. Portanto, não podia ser "de livre e espontânea vontade". Ou talvez eles desistissem? E o soltassem porque não queriam cometer nenhum assassinato que, por sua vez, não lhes traria nenhum dinheiro? O mesmo motivo que podia levá-los a não manter sua palavra e depois matá-lo quando tivessem o dinheiro poderia também explicar a desistência de assassiná-lo.

Não precisavam manter a palavra dada, pois para eles pouco importava se não acreditassem neles uma segunda vez. Em geral, comete-se um seqüestro apenas uma vez. Não estamos num mercado em que se pode perder a credibilidade.

Começou a escrever uma carta aos seus seqüestradores, na qual ele pedia misericórdia. Explicou sua situação momentânea, escreveu que não estava bem, que estava começando a ficar seriamente preocupado com a sua saúde, caso tivesse de ficar preso por mais tempo no porão, que eles não ganhariam nada com a sua morte: *"Be merciful and let me go."*[67] Após essa introdução, começou a formular uma proposta absurda. De repente lembrou-se de que ainda tinha outra chance. Essa idéia quase o deixou eufórico – até ser subitamente acometido pelo medo, talvez não pensasse mais nisso com a clareza suficiente. Será que essa era mesmo uma boa idéia ou será que a fantasia o estava entusiasmando demais? O plano era o seguinte, e partiu do problema de que todo intermediário teria primeiro de conseguir ter acesso ao dinheiro, ou seja, entrar em contato com Blan-

67. "Sejam misericordiosos e deixem-me ir."

kenese e, dessa forma, talvez tornar-se conhecido da polícia. Portanto, ele precisava de um portador que pudesse levantar trinta milhões de marcos sozinho, e rápido. Pensou na revista *Spiegel.* Há exatamente um ano, deu uma entrevista à *Spiegel* que, pelo que pareceu, teve um resultado bem favorável. Posteriormente também manteve um bom contato com a redação, que o convidou, como já mencionado, para um caderno de crítica. A *Spiegel* poderia rapidamente obter, sem dificuldades, trinta milhões do banco, ou seja, a revista poderia agir sem que a polícia tomasse conhecimento.

E a *Spiegel* iria *querer* agir sem que a polícia ficasse sabendo de nada. No fundo, ele só precisaria descrever a situação, garantir com a sua assinatura que a editora de todo jeito receberia o dinheiro de volta e prometer ao periódico os direitos exclusivos da sua história. Teria sido uma oportunidade de mostrar o heroísmo jornalístico de forma razoavelmente pouco arriscada, de conseguir o que a polícia não tinha conseguido, de salvar uma vida que, de uma hora para outra, ficou ilustre sobretudo por causa do seqüestro e que, além disso, não era a vida do autor, mas do interlocutor do periódico. Era também uma boa oportunidade para aumentar as tiragens.

Elaborou essa sugestão e, em seguida, referiu-se novamente à primeira (à última, caso fosse necessário ter tempo para colocá-la em prática). Inicialmente, tentou causar compaixão, esperando que na cabeça do inglês (pois ele era o único de quem podia fazer uma vaga idéia) houvesse lugar para um pensamento como "Afinal de contas, por que devemos matar o cara?" Depois, começou a falar de outro assunto na carta. Havia ainda uma outra possibilidade que não era para ser cômica, mas que à primeira vista certamente soaria absurda. Poderiam mandar ele mesmo buscar o dinheiro. E, uma vez livre, por que deveria voltar? Simplesmente porque daria sua palavra, era o que podia dizer. (Quem sabe se assim talvez o inglês, que tinha ficado tão irritado com o jogo duplo adotado por Schwenn, fosse condescendente, do tipo "férias pela palavra de honra"?) Mas é lógico que isso não bastava e, portanto, a única coisa que poderia dizer é que supunha que eles não seriam capazes de perdoá-lo se viesse a faltar com sua palavra – *"and I don't want to live like Salman Rushdie for the rest of my life"*[68].

Pensou que talvez com isso estivesse colocando na cabeça dos seqüestradores uma idéia bastante incômoda para uma futura obtenção do dinheiro, mas depois – tenho de admitir – não se importou nem um pouco.

A idéia era absurda e também aludia ao domínio do moralmente questionável. Aliás, não era a única questão moralmente questionável relativa a ele naquele porão. Não tinha incumbido Schwenn de ser o portador do dinheiro, mas, apesar de advertido pelos seqüestradores, indicou seu contador e com isso violou um princípio que tinha imaginado. A própria indicação dos nomes Christian Arndt e Lars Clausen deixavam-no com a consciência pesada. Pois, assim como alguém tem tão pouco direito de exigir das pessoas, com as quais tem uma relação de trabalho, que aceitem tal tarefa – que por sinal não é totalmente isenta de riscos –, aquele que recebe de um amigo muito próximo o pedido de salvar-lhe a vida também não tem muito o direito de recusar esse pedido como se fosse uma exigência. Em rigor, do porão estava praticando um terror moral. Nem Arndt nem Clausen *podiam* recusar o pedido sem um motivo muito convincente, a não ser talvez por doença. Estava em poder de criminosos que o chantageavam, e ele mesmo estava praticando chantagem moral a partir daquele mo-

68. "E eu não quero viver como o Salman Rushdie para o resto da minha vida."

mento. Fico feliz que tenha percebido isso ainda no porão e o tenha manifestado, pelo menos aproximadamente, nas cartas.

Chegou a um outro problema moral ao colocar sua "última sugestão" no papel. Antes ele já tinha imaginado cenários para o pagamento do resgate, nos quais o dinheiro era diretamente trocado pela pessoa – um típico "local do crime", com um campo iluminado pelo luar, bolsas com o dinheiro, uma vítima amarrada, a silhueta do helicóptero para a fuga dos seqüestradores e o ruído vindo de longe (as pás do rotor girando de forma ameaçadora).

Não, é serio, talvez acontecesse mesmo algo parecido e depois, para a substituição, a oferta de um refém para a troca, a fim de garantir a fuga. Poderia aceitar isso? Decidiu: não. E torceu bastante para manter-se firme, caso isso viesse a ocorrer. Se teria mesmo se mantido firme, não sei dizer. Preciso apenas relatar que ele mesmo tinha cedido à tentação de sugerir uma troca de reféns na "última proposta", a fim de dar segurança para os seqüestradores. Pensou de fato se deveria mencionar *Die Bürgschaft* [*A fiança*], de Schiller. Não o fez. Não deu essa sugestão sobretudo porque, ao lembrar essa balada, viu que poderia assumir a responsabilidade de sua boa intenção, mas apenas dela, e não do turbilhão de contingências.

Não entregou ao inglês as sugestões elaboradas, mas informou-lhe que, caso o pagamento fracassasse novamente, ainda dispunha de idéias para talvez afastar os criminosos de conseqüências evidentemente homicidas e, pelo menos, ganhar tempo.

Demorariam até a próxima quarta-feira para elaborar um novo plano para o pagamento do resgate. Se tudo desse certo, ele, o inglês, voltaria na sexta-feira – caso contrário, voltaria antes. Na sexta-feira à noite Reemtsma poderia estar livre. Seria deixado numa floresta, onde deveria andar alguns quilômetros até encontrar um local de onde pudesse telefonar. *"We'll give you a telephone card."*[69]

Quarta-feira. Houve uma nova conversa ao telefone. Passaram-lhe uma informação datilografada; Arndt tinha feito uma pergunta para saber se ele ainda estava vivo: "De onde vem a gata Kümmel?" Um – dois – três – quatro – cinco – seis. É assim mesmo quando alguém está com medo? Não sabia a resposta. Não sabia mais de que raio de lugar vinha a gata. Será que não dava para ter perguntado outra coisa? Um dia o irmão da Kathrin trouxe a gatinha de algum lugar do estado de Schleswig-Holstein. Mas *de onde*? Malente? Era alguma coisa com Malente, mas o quê? O que vai acontecer agora se eu não conseguir me lembrar?! O nome era este: Trittau. Uma vez sua mulher tinha ironicamente chamado a gata – um animal bem dócil, com uma cor nada extraordinária – de "miss Trittau". Miss Trittau. Trittau. Podia provar que ainda estava vivo, pois sabia o nome Trittau. Escreveu-o. E, num ataque alarmista de precaução (será que o inglês tinha mesmo entendido a pergunta direito?), acrescentou algumas datas biográficas sobre essa gata, como prevenção, caso alguém ainda quisesse saber mais alguma coisa. E caso a resposta correta não fosse Trittau.

Se tudo corresse conforme o planejado, receberia na quinta-feira pela manhã uma informação por escrito. Na noite de quarta para quinta, deveria bater à porta apenas em caso de emergência, *"in case of fire or so"*[70]. Aquele que o vigiava não iria descer. Perguntou: se aquele – disse *"that guy"*[71] – iria lhe trazer o café da manhã como de costume ou se teria de esperar pelo que iria trazer a notícia *"at noon"*[72].

69. "Vamos lhe dar um cartão telefônico."
70. "Em caso de incêndio ou algo parecido."
71. "Aquele cara."
72. "Na hora do almoço."

Não estava nem um pouco preocupado com o café da manhã. Queria saber depois de quantas horas de espera não poderia mais manifestar seu pânico. Não, *"the person upstairs – she won't come down"*[73]. Portanto, uma mulher. Uma mulher que não queria descer. Será que ela pertencia ao bando ou a equipe era tão pequena que tiveram de recorrer a alguma namorada? ("Tudo bem, só por uma noite, mas *lá embaixo* eu *não* vou!" – teria sido algo parecido?) Sendo assim, não queriam simplesmente deixá-lo no porão e desaparecer, senão o inglês não teria dado detalhes (*"person"* e *"she"*) de modo tão involuntário, mas teria dito: não bata à porta, vamos estar por aqui mas não atenderemos – para que ele não batesse à porta e percebesse que estava sozinho para tentar uma evasão. A informação de que no andar de cima havia uma mulher que não se atrevia a descer levou-o, por um momento, a sentir-se perigoso, o que aumentou sua auto-estima. Posso inclusive acrescentar que a tolice dessa comoção também não passou despercebida para ele no porão.

De repente, sentiu-se novamente arrebatado pelo medo de que a lâmpada do lustre pudesse se apagar e ele ficasse no escuro. Estava proibido de se manifestar batendo à porta, exceto em casos de extrema emergência. O inglês deu-lhe uma lâmpada de reserva (mostrando indiferença com um dar de ombros por causa do meu comportamento neurótico) e, de forma um tanto irônica, duas pilhas para as lanternas. Em seguida, despediu-se amigavelmente e com a ameaça: se não voltassem, a pessoa não o soltaria. *"She will go and leave you here."*[74]

Foi uma das noites que quase não pregou o olho. Quatro horas. Cinco. Seis. Depois pegou no sono. Acor-

---

73. "A pessoa que está no andar de cima – ela não vai descer."
74. "Ela irá embora e deixará você aqui."

dar: oito. (Sem grandes emoções antes do meio-dia, foi o que propôs a si mesmo.)

Às oito e meia, bateram à porta. Como sempre: cabeça virada para baixo. "Pois não. *Come in.*[75]" Abrem. Passos. *Não* é o inglês. O prato é colocado sobre a mesa. Barulho de papel? Passos. Porta. Olha para cima. A banheira foi retirada, ele foi trocar a água. Mesa: papel ao lado do prato. Não consegue ler, onde estão os óculos? No papel, duas linhas: O PASTOR PAGOU CORRETAMENTE. AMANHÃ À NOITE ESTARÁ LIVRE.

Era motivo para comemorar, mas não teve vontade. Podia ser que eles ainda o matassem e só quisessem tranqüilizá-lo pelo máximo de tempo possível. Mas estava agradecido. O que fazer com esse sentimento, quando não se dispõe de nenhum deus a quem confiá-lo? Havia aranhas no seu porão que cresciam bastante devido ao ar seco. Em todos aqueles dias, tinha seguramente matado umas vinte delas, pois não gostava de aranhas, pelo menos não quando imaginava que, durante a noite, elas passeariam pelo seu corpo. Após ter lido a notícia, viu outra aranha, que se movia trêmula no meio do tapete. Pensou na história de Johann Peter Hebels, *Hausfreund* [*Amigo íntimo*], em que um marinheiro abaixou-se no meio da batalha naval para tirar um bicho do cabelo e com isso acabou escapando do tiro mortal de um canhão. Sendo assim, não a matou. Nem mais nenhuma naqueles dias. Se me perguntassem o que eu chamaria de "blasfêmia", responderia: matar uma aranha neste porão.

Tinha ainda dois longos dias de espera. Ao final do primeiro, o inglês lhe tirou o relógio e contou animado como tinha sido o pagamento: conseguiram guardar todo o dinheiro. *"We had to sit on the container, but we could close it."*[76]

---

75. "Entre."

76. "Tivemos que sentar sobre a caixa, mas conseguimos fechá-la."

No entanto, teriam acabado com o carro alugado que Arndt e Clausen usaram para ir até o local. Sentiu muito ao ouvir isso. *"It was dark, we couldn't switch the lights on."*[77] Ao contrário do que se supôs mais tarde, isso sem dúvida não ocorreu de propósito. Os criminosos estavam nervosos; não conseguiam se controlar totalmente. Pelo celular – aliás, o inglês nunca dizia "celular", mas *"mobile phone"* – chegaram até a se desculpar. Nesse último momento, seu auto-retrato de perfeccionistas tinha sido bastante prejudicado.

Ao final do segundo dia, o medo cresceu novamente. Ouviu a arrumação no andar de cima. Ruídos, como se estantes estivessem sendo desmontadas, prateleiras sendo levadas para fora. Em seguida, um tilintar de garrafas, que foram jogadas numa caixa. Depois, muitas, muitas horas de silêncio. Deveria bater à porta? E o que fazer se o prazo simplesmente não estivesse esgotado quando eles levassem apenas seu lixo para fora, para bem longe, e não voltassem? Quando seria a hora certa de tentar uma fuga? As chances para isso estavam um pouco melhores do que no início dos trinta e três dias de cativeiro, pois conseguiu pegar três garrafas de vidro sem que percebessem. E quem sabe se o reboco não era mole o suficiente para ele poder raspar a cavilha da corrente? O que aconteceria se o surpreendessem? Sempre as mesmas velhas perguntas. Aguardou. O inglês chegou. Um prato com pão. Água para o banho. E sua corrente foi solta. Não fariam isso se quisessem deixá-lo no porão! Enorme alívio. Não estava descartada a possibilidade de que eles ainda atirariam nele na floresta, mas não o deixariam esmorecer no porão.

Em dado momento, o inglês voltou e ordenou que se sentasse na cadeira com os olhos fechados. Os olhos

---

77. "Estava escuro, não podíamos acender os faróis."

foram novamente vendados, dessa vez com muito cuidado. Calçaram-lhe os seus sapatos, mas não lhe devolveram a roupa. Por quê? – Por acaso é possível averiguar as impressões digitais na roupa? *"You can't make mistakes in a job like this."*[78] Se podia levar suas anotações? Não, claro que não. Pediu duas coisas. A primeira, para que o deixassem levar papel higiênico (não sabia por quanto tempo ficaria na floresta, e estava com dor de barriga de tanta ansiedade). E a segunda: *"I wrote a farewell-letter to my family, in case something should happen. I wanted to smuggle it out, but I do not want to risk anything. So please keep it."* – *"Okay, I'll destroy it."* – *"Please keep it and destroy it when you read in the newspapers that I'm safe. If something happens, please send it to my family. I told you what I'm asking you to do. You don't have to tell me whether you will do it or not."*[79] A carta começava mais ou menos assim: "Querida Kathrin, caro Johann, se receberem esta carta é porque meus seqüestradores me mataram. Espero que eles tenham pelo menos a decência de fazer com que minhas últimas lembranças cheguem a vocês." Em seguida, mais algumas palavras semelhantes à sua primeira carta de despedida e algumas complementações ao seu testamento. Sua esperança era de que os seqüestradores, caso o matassem na floresta, deixassem a carta ao lado do corpo. Perguntou a si mesmo se iriam achar o corpo em tempo suficiente para que a carta ainda estivesse legível.

78. "Não se pode cometer erros numa profissão como esta."

79. "Escrevi uma carta de despedida para minha família, caso alguma coisa venha a acontecer. Queria enviá-la clandestinamente, mas não quero arriscar nada. Por favor, fique com ela." – "Tudo bem, vou destruí-la." – "Por favor, guarde-a e destrua-a quando ler nos jornais que estou a salvo. Se algo acontecer, por favor, mande-a para minha família. Disse-lhe o que estou pedindo para fazer. Você não tem que me dizer se vai fazê-lo ou não."

E acrescentou: *"If you run out of money some time – it won't be soon, I think – and if you plan something new, please don't do kidnapping again. You shouldn't do this to people." – "Oh, well, but you had the de luxe version of it, don't forget."*[80] Pensou em dizer que o inglês poderia muito bem comentar isso no tribunal, mas pareceu-lhe oportuno desistir dessa provocação. *"If you have a business card, I could recommend you to everyone who wants to get kidnapped."*[81] Provavelmente o inglês deve ter entendido a ironia, mas não a alusão contida na frase ao comentário de Sigmund Freud, quanto ao tratamento que recebeu da Gestapo – muito semelhante à maioria dos jornalistas, dos quais alguns mostraram-se até mesmo insensíveis à ironia dessa réplica, bem como ao cinismo do inglês, quando citaram a observação sobre o "seqüestro de luxo", tirada de uma entrevista dada posteriormente ao *Süddeutsche Zeitung*.

Ataram suas mãos na frente do corpo com fita adesiva. Não iriam amordaçá-lo, *"but if you shout, we'll make you stop"*[82]. Em seguida, foi conduzido para fora do porão. Espero não vê-lo nunca mais, pensou, e depois: espero vê-lo em breve. Mais precisamente, acompanhado da polícia. Sobem a escada. Reparou que os degraus eram vazados. No andar de cima, teve de girar várias vezes em torno de si mesmo. Depois saíram todos. Um automóvel, diferente do que o havia transportado ao cativeiro. Teve de entrar novamente pela parte traseira, mas dessa vez não havia porta-malas: *"Is this a trunk?"* –

80. "Se ficar sem dinheiro algum dia – acho que ainda vai demorar – e se planejar algo novo, por favor, não seqüestre novamente. Não devia fazer isso às pessoas." – "Oh, bem, mas você teve um seqüestro de luxo, não esqueça."

81. "Se você tivesse cartão de visita, eu poderia recomendá-lo a todos que quisessem ser seqüestrados."

82. "Mas se gritar, vamos fazer com que pare."

"Something like that."[83] Sempre teve medo de ser transportado num porta-malas. Lembrou-se de Schleyer, de Aldo Moro* também. Era apertado. Ele tinha a sensação de que restava pouco ar para respirar. Em seguida, música alta – não queriam que identificasse os ruídos do percurso.

Não saberia dizer se era rádio ou fita cassete. Espero que deixem a música tocar, pensou. Mas foram só duas canções e meia ou três, e em seguida desligaram. *"Slow!"*,[84] ouviu o inglês dizer. Pouco tempo depois, estavam na estrada. *"It will take some time, but we will drop you off not far from where you live."*[85] Não estava totalmente trancado no bagageiro. Havia algo, como um porta-chapéus, sobre ele. Uma hora tentou mudar de posição, bateu contra o porta-chapéus, e alguma coisa caiu. *"What are you doing?"*, perguntaram furiosamente. *"I tried to change my position, and something fell down."* – *"Stay as you are!"*[86] Pouco depois, teve de decorar o número do celular comprado por sua mulher para o contato com os criminosos. O inglês havia esquecido o bilhete onde o número estava anotado. Portanto, não queriam matá-lo realmente. Para que ele ficasse quieto, pensou, não precisavam ter armado um circo como aquele no final.

Era uma estrada longa. Em certo momento, pareciam estar num cruzamento de rodovias. Espero que não te-

83. "Isto é um porta-malas?" – "Algo parecido."

* Aldo Moro, estadista italiano, foi seqüestrado e assassinado por um grupo terrorista italiano em 1978. Seu corpo foi encontrado no porta-malas de um carro. (N. da T.)

84. "Devagar!"

85. "Vai demorar um pouco, mas vamos deixá-lo num local não muito longe de onde você mora."

86. "O que está fazendo?" [...] – "Tentei mudar minha posição, e algo caiu." – "Fique como está!"

nham ido em sentido oposto só para me confundir e agora estejam voltando todo o trajeto!, pensou. Em seguida, ouviu um barulho característico de um trecho de estrada não muito longe de Soltau, em direção ao norte.

A ventilação estava em ordem. No entanto, ele não conseguia se mexer sem esbarrar em algo, e isso fez com que sua claustrofobia aumentasse cada vez mais. Então, preferiu ficar imóvel, pois qualquer movimento deixava o aperto do bagageiro nítido demais, dando para movimentar, às vezes mais para a esquerda, às vezes para a direita, apenas a cabeça e as mãos amarradas.

Ficou recitando baladas e, agora, ao fazer uma retrospectiva, devo dizer que calculou um tempo bem menor de percurso ao declarar na polícia que viajaram por cerca de uma hora. Pois recitar duas vezes *Os grous de Íbico* e duas vezes *Die Vergeltung* [*A revanche*] já leva meia hora, e passou apenas uma pequena parte da viagem declamando Schiller e Droste-Hülshoff.

Em seguida, deixaram a auto-estrada. Um trecho curto, depois, um caminho na floresta. *"Lights!"*[87] Param. Porta-malas aberto. Mais uma vez o pensamento: mas será que ainda vão atirar? Cortaram a fita adesiva que prendia suas mãos (após uma rápida discussão em voz bem baixa com aquele que tinha dirigido o carro, pois não estava encontrando a faca). Passaram-lhe furtivamente um cartão telefônico. O inglês tinha esquecido as fichas, e o motorista também não tinha nenhuma. Então o inglês pegou-o pela mão e conduziu-o pela floresta. Sentiu-se um idiota. Estava frio e úmido. A floresta exalava o odor da primavera. Nas quatro semanas e meia que passara no porão, não sentira outro odor que não fosse o da sua comida, duas vezes o de uma horrível loção de barbear de um dos seus vigias mudos e, princi-

87. "Luzes!"

palmente, do lavatório químico. E, naquele momento, aquele odor imponente de terra úmida, de erva, de folhas frescas. Quase chegou a dizer algo, mas conteve-se imediatamente. Não queria compartilhar aquela sensação com o inglês.

Então ficaram parados. Agora podia tirar a venda dos olhos, mas não devia olhar ao redor. Tinha de caminhar sempre em frente e, de maneira alguma, fazer o caminho de volta! *"After some kilometers there is a railway bridge and behind it there is a village named Horst. There you will find a telephone or a house where you can call your family or the police, whatever you like."*[88]

Tentou puxar a ponta da fita que lhe vendava os olhos, não conseguiu achá-la e acabou arrancando-a sem tomar cuidado para não puxar o cabelo. Noite escura como breu, nuvens, sem lua. Deu alguns passos. Algo mais a dizer? *"Good bye?"* Não me parece. Como se deve despedir de um seqüestrador? *"Nice having met you, I can't say."*[89] Risos. *"I understand."*[90]

Andou. Numa situação normal, teria sido bem desagradável para ele ter de caminhar numa floresta escura sem saber para onde e por quanto tempo. Logo em seguida, lembrou-se também de um lugar bem desagradável, com um assassino louco, do livro *Spiel* [*Jogo*] de Stephen King, mas de alguma forma esses vultos imaginários não tinham mais força para amedrontá-lo. Continuou a caminhar simplesmente, passo a passo, como uma máquina, não muito rápido, pois a trilha não era plana, e ele mal conseguia enxergar algo. Quanto tempo?

---

88. "Depois de alguns quilômetros, há uma ponte da estrada de ferro e, atrás dela, um vilarejo chamado Horst. Lá encontrará um telefone ou uma casa de onde possa ligar para sua família ou para a polícia, como você quiser."

89. "Prazer em conhecê-lo é que não posso dizer."

90. "Entendo."

Cerca de meia hora, talvez mais. À sua esquerda, a alguns quilômetros de distância, o ruído contínuo da auto-estrada. A trilha da floresta levava a uma outra, um pouco mais larga, pela qual alguns veículos já haviam passado. Continua a andar. Aos poucos, o caminho inclinava-se numa descida. Então viu a ponte e, depois dela, algumas luzes. É raro hoje em dia, pensou, ter essa sensação de segurança ao sair de uma floresta cheia de ladrões e, de repente, ver as luzes de uma aldeia. Mais raro ainda são os tempos em que se tinha consciência de não saber o que aconteceria no minuto seguinte. Já gosto o bastante da civilização, imaginou.

Em seguida, estava na aldeia. Não havia cabine telefônica em parte alguma. Uma placa: cinco quilômetros até a estação. Não, nada de mais cinco quilômetros. Uma casa ainda estava com a luz acesa, viu um homem pela janela do quarto, assistindo a um jogo de tênis.

Por um momento, Reemtsma sentiu-se como o ET: *"Phone home!"*[91] Aproximou-se da casa, tocou a campainha. Diante da porta, deu alguns passos para trás, para que o homem não pensasse que talvez quisesse assaltá-lo. Como devia estar sua aparência? Há quatro semanas não via o próprio rosto. A porta se abriu: "Pois não?" – "Desculpe-me por incomodá-lo a essa hora, queria saber se poderia usar seu telefone." – "Se não for nenhum interurbano para a Austrália..." – "Não, é para Hamburgo. Gostaria de ligar para minha mulher. Posso explicar para o senhor também por que estou aqui à noite, todo rasgado, diante da sua casa. É uma história difícil de acreditar, e não sei se o senhor vai confiar em mim. Na verdade, fui seqüestrado e acabo de ser libertado." – "O quê?! Não é melhor eu ir buscar minha arma?" – "Não, não precisa se preocupar. Já acabou."

91. "Ligar para casa!"

Acabou mas não passou, ainda falta muito, e nem quando os criminosos estiverem por trás das grades terá passado. O porão permanece em minha vida. E é por isso que ainda quero voltar a ele mais uma vez, porque parte da caracterização apresentada até agora foi feita apenas como uma pincelada, e a outra parte, orientada pelos fatos, teve de ficar para trás. Pois, ainda que eu tente criar um suspense estilístico, permanece na caracterização um clímax que, de certo modo, não deixa de ser autêntico, uma vez que ocorreu de fato, mas que, por outro lado, não tem muito a ver com os dias que o seqüestrado passou no porão: estes, como já disse, foram como nadar ininterruptamente dentro de uma tina, da qual não se consegue sair. Posso descrever sua rotina, mesmo tendo sido inexistente. Os dias diferenciavam-se conforme as sensações predominantes, e estas variavam sobretudo – embora nem um pouco exclusivamente – conforme o calendário dos seqüestradores e pelas informações que ele recebia. Apesar disso, sou capaz de descrever essa rotina, que parecia ficar mais tranqüila quando ele recebia informações, mas que, na verdade, era muito tensa. Preciso separar as informações umas das outras: o leitor tem de associar o que estou escrevendo agora ao que tenho a registrar adiante como o tópico "medo", que por si só já é insuficiente.

Em dado momento, acordou. Estava escuro, sem qualquer vestígio de luz. Não olhou o relógio, tentou dormir novamente. Voltou a adormecer e a acordar. Então bateram à porta. Não a primeira vez, mas as outras tinham acontecido na sua imaginação e antes sempre faziam-no ter sobressaltos. Gritou seu "Pois não! *Yes! Come in!*" Conforme quem entrasse, a porta era aberta rapidamente ou com certa demora. Em seguida, a luz era acesa. Passos. Um prato foi colocado sobre a mesa. A pessoa saiu, levando a banheira, trazendo-a com água fresca e após alguns minutos.

Diferenças: a batida à porta diferia conforme a pessoa. O modo de passar a chave pela fechadura. Tinha um que sempre apagava a luz quando voltava (no diário, foi chamado de "cretino"). Por fim, havia outro que nunca trazia água quente, mas sempre gelada (não era um problema, mas um sinal de que alguém estava para voltar). Um deles, provavelmente o inglês, devia gostar de *Cornflakes* e trazia-lhe um pouco no café da manhã. O seqüestrado preferia comer os cereais no intervalo em que iam buscar a água para o banho, para que não se transformassem num mingau. Duas vezes sentiu o cheiro bastante repugnante de uma loção de barbear ou de um perfume que a pessoa em questão devia ter espalhado no rosto com as mãos. Com as mesmas mãos, infelizmente, também eram preparados os pães do café da manhã, que com isso tornavam-se intragáveis.

Durante algum tempo, o café era trazido às oito da manhã. Depois às nove, às nove e meia, às dez – quando o inglês estava por lá, geralmente era no último horário.

Seja porque o inglês gostasse de dormir até mais tarde – o que era permitido a um cargo de destaque na hierarquia –, seja porque quisesse deixar o seqüestrado dormir, ou talvez porque fosse menos exigente que aquele ou aqueles que cumpriam meticulosamente o horário das oito horas. Quando o café só era servido às nove e meia, ficava acordado por mais tempo, aguardando, quase sempre na escuridão, à qual começou a se acostumar com o passar dos dias. Queria iniciar seu dia com uma regularidade, com algo que exigisse o mínimo de atividade, e não com uma espera inabalável por algo indefinível. Quando passava das dez horas, começava a ficar apreensivo.

Levantava-se, lavava-se ou trocava primeiro a água das garrafas de reserva. (Tinha sempre duas, três ou quatro garrafas de plástico com água potável à disposição, cada uma de um litro e meio. Guardou duas garrafas vazias e encheu-as com água da banheira para ter mais três litros à disposição, caso fosse necessário. A água da banheira era sempre para o banho, e depois do uso ela ficava cheia de sabão.) Depois colocou água no copo de plástico que haviam lhe dado para escovar os dentes. Finalmente lavou-se, de pé sobre uma perna na banheira, a outra perna ao lado, pois ele não conseguia tirar toda a calça do agasalho por causa da corrente. Escovou os dentes.

Em seguida, deitou-se novamente e dormiu. Quando tinha sorte, dormia até o meio-dia, o que acontecia principalmente quando só conseguia pegar no sono pela manhã. Quando tinha mais sorte ainda, batiam à porta naquele meio tempo, e o inglês lhe trazia jornais, geralmente o *Süddeutsche* e o *Frankfurter Allgemeine*, bem como o *Hamburger Morgenpost*, por causa dos anúncios.

Se nesse momento houvesse algum assunto a ser esclarecido – números de telefone, perguntas de identificação, aparência dos escolhidos como portadores do dinheiro – seguia-se uma breve conversa.

Após o meio-dia, comia um pouco e começava a ler os jornais. Quando não havia jornais novos, lia os velhos mesmo – sempre guardava uma parte para o dia seguinte ou para os dois dias subseqüentes – ou lia a *Crônica*. Duas horas e meia até as 14h30. Em seguida, deitava-se novamente, lia a *Crônica* por mais meia hora e das 15 às 16h tentava dormir, o que quase nunca conseguia, mas impunha-se esse descanso vespertino. Quando dormia durante o dia, nunca apagava a luz. Não queria misturar o ritmo do dia com o da noite. Das 16 às 17h lia a *Crônica*, das 17h em diante, como havia prometido ao seu filho na carta, as "datas diárias" (levava quinze minutos). Continuava a ler (ou tentava escrever, o que, na maioria das vezes, não dava certo) até a noite, quer dizer, até umas oito horas, quando as rotinas matinais se repetiam (bater à porta, trazer comida, trocar a água). Comia algo, lavava-se, escovava os dentes, molhava a toalha de rosto e depois estendia-a sobre o aquecedor revestido, para aumentar um pouco a umidade do ar no porão, "ia para a cama". Deitado, lia a *Crônica* por um período de uma a duas horas. (Aliás, nas quatro semanas e meia, leu-a inteira, palavra por palavra, e notou alguns erros tipográficos e de conteúdo, além de datas erradas ou contraditórias: bem que gostaria de ter enviado o exemplar à editora.)

Depois disso, veio o livro escolhido para aquele período, que o seqüestrado dividiu em determinadas partes para ler durante a noite.

Quando viu que a *Crônica* estava chegando ao fim, limitou sua leitura e, em vez dela, leu o livro de Beauvoir, *O segundo sexo*, que felizmente já tinha lido há muito tempo. Além disso – interrompendo com alguns poucos contos de Dostoiévski –, começou com a *Libélula*, de Le Carré, depois passou para *A fogueira das vaidades*, de Tom Wolfe, mais tarde leu *Retorno à África*, de Lessing, e por último, *Um deus da insolência*, de Nadolny. Após Nadolny, leu novamente o romance de Tom Wolfe. Kraus, Jaspers e os ensaios sobre Sloterdijk eram leituras diárias. O final da tarde ou a noite era, portanto, dedicado às belas-letras que, acreditava, era o que então mais o distraía. Em algum momento, leu paralelamente o volume de Kischon e o livro sobre *Mossad*. Ao final dos trinta e três dias, restaram os romances de Chatwin e Cronin como leituras úteis e ainda não feitas (assim ele esperava), que, de certa forma, eram suas reservas de emergência. Os contos de Dostoiévski eram os últimos de todo o seu suprimento literário. Já os conhecia e, ao contrário dos romances, nunca os apreciara. Por outro lado, decidiu ocupar-se com eles, caso passasse mais semanas sem novas leituras para decorar, e para isso escolheu *Der Traum eines lächerlichen Menschen* [*O sonho de um homem ridículo*].

Lia pelo menos até as duas, freqüentemente até as três e meia. Esperava ficar cansado o suficiente para adormecer sem ter muito o que pensar. De vez em quando conseguia. Às vezes, só por volta das seis da manhã é que caía numa espécie de sonolência. Sempre tinha vários sobressaltos quando dormia, pois achava que estavam batendo à porta. Até o final da sua prisão, não conseguia distinguir o toque imaginário do real e, conseqüentemente, várias vezes à noite gritava seu refrão: "Pois não! *Yes! Come in!*"

Durante o dia, esforçava-se para praticar algum tipo de esporte, principalmente para ativar a circulação.

Quanto mais tempo ficava no porão, mais seu coração doía. Às vezes era como se uma pesada argola em volta do seu tórax o apertasse (bem semelhante ao conto de fadas do rei sapo: "Não, senhor, não é a carruagem, é um pedaço do meu coração, abandonado em grande aflição"), outras vezes, eram pontadas doloridas, de quando em quando seu coração batia descompassadamente. Nunca teve problemas cardíacos, mas sabia que a tensão angustiante daqueles dias iria se manifestar de modo somático, e supôs que o fizesse por meio do coração. Sendo assim, quis proporcionar-lhe um exercício mecânico, inclusive com certa regularidade.

Na primeira semana, caminhou no seu porão de um lado para o outro. Ou melhor, até onde a corrente lhe permitia. Primeiro tentou andar em pequenos círculos, mas a corrente se torcia e logo encurtava, de forma que ele era obrigado a andar na direção oposta para fazê-la voltar ao tamanho normal. Concluiu que o comprimento que mal chegava a dois metros era simplesmente pequeno demais para andar em círculos, por isso decidiu andar de um lado para o outro.

Sua caminhada logo ganhou impulsos maníacos. Era a única coisa que ele conseguia "fazer". Consumia tempo, economizava leituras, mantinha a circulação em movimento e, sobretudo, evitava pensamentos e sentimentos. Começava a ser masoquista, mas talvez apenas cauteloso, quando errava outra vez a contagem de cem iniciada. Aprendeu quantos passos podem ser dados num dia. Três mil, estimou, poderiam ser dados em pouco menos de uma hora, quatro mil, em mais tempo. No primeiro dia andou pouco, apenas três mil passos, talvez cinco mil. No dia seguinte, oito mil, depois, quinze, e, depois, dezoito. No outro dia, novamente quinze mil.

Essa ficou sendo sua programação. Sempre três, às vezes dois passos e meio de um lado para o outro. Após esse percurso, girava feito um elefante acorrentado, e o pé novamente para trás continuava indo de um lado para o outro. Geralmente em seqüências de três mil passos. Às vezes, quando se sentia pior, caminhava mais *pro rata*.

Em pouco tempo, as meias ficaram puídas. Andava descalço. Imaginava o percurso: tantos quilômetros. Começava a imaginar recordes ridículos. Quando saísse dali, iria dizer: andei até ... quilômetros.

Mas isso só deu certo por uma semana. Depois seu pé começou a doer pela manhã. Continuou com sua programação. O pé doía cada vez mais. Era o esquerdo, no joanete e no dedo maior, onde sempre tinha de girar por causa da corrente. No dia seguinte não conseguia mais pisar. Acrescentou: talvez uma tendinite. Assim como acontece com quem datilografava muito sem estar acostumado. Não se preocupava com isso, mas parou de caminhar. Precisava também continuar a exercitar seu corpo de alguma forma. Sabia que a quantidade de flexões que conseguiria fazer sem pausas seria vergonhosamente pequena. Sendo assim, colocou-se a certa distância da parede, apoiou-se de forma a exercitar-se na diagonal, fazendo uma "flexão de parede", como resolveu chamá-la. Quarenta flexões por hora. Depois flexionou também o tronco. Poupou o pé esquerdo, levantando-o ao fazer as flexões contra a parede. Depois de mais uma semana, seu pé direito inchou devido ao peso numa perna só durante as flexões contra a parede. Doía tanto que ele sempre acordava sobressaltado, pois tinha cãibras.

Tomou alguns comprimidos para a gripe (Paracetamol), que também ajudariam a aliviar essas dores. Ajudaram, imaginou.

O pé esquerdo também não estava nada bom. Não conseguia andar direito, só mancando. Se o libertassem naquele momento – *"you'll have to walk some kilometers"*[92] – não conseguiria caminhar por muito tempo.

---

92. "Você vai ter de andar alguns quilômetros."

Precisaria procurar um pedaço de pau para se apoiar e andar quase se arrastando. Isso certamente era uma preocupação tola, mas não deixava de ser uma preocupação, pelo menos uma que podia ser provida de reflexões. Antes de sua libertação, tomaria analgésicos e escolheria alguns para levar consigo. E então, cerraria os dentes e andaria até onde fosse possível, sem desperdiçar tempo. Tentaria não passar a noite na floresta de modo algum.

Apesar disso, o problema obviamente era desagradável. Sair do porão depois de longas semanas e ainda com uma tendinite nos pés! Ser libertado e não conseguir andar poucos quilômetros de tanto que os pés lhe doem! Filólogo mal-acostumado, sedentário do bairro de Blankenese, em Hamburgo, que não larga a própria escrivaninha. É bem possível que sentissem pena dele como alguém em quem bateram, seqüestraram e acorrentaram, porém, naquele momento, precisava preocupar-se em reaparecer como uma figura cômica. Chegou a pensar em pedir ao inglês para lhe trazer da farmácia duas faixas elásticas. Mas isso também lhe parecia desagradável. Não havia nenhuma relação entre a possibilidade de sobreviver e de ser libertado e a reclamação "Meus pés estão doendo!" Esperava que melhorasse até aquela segunda-feira à noite em que haviam prometido libertá-lo, caso o pagamento do resgate na fronteira de Luxemburgo fosse bem sucedido.

Mas o inglês voltou no domingo à tarde, e o seqüestrado precisou ouvir que o pagamento tinha fracassado. Depois disso, ainda ficou preso por quase mais duas semanas, e mesmo quinze dias após a sua libertação ainda não conseguia andar sem mancar.

A comida: geralmente havia sanduíches. Pão preto, pão de centeio e trigo. Como acompanhamento, às vezes presunto, às vezes salsicha ou queijo, geléia, requeijão, tomates. Uma vez serviram bife à milanesa no lanche; outra vez, meio frango, duas vezes, ravióli salgado demais, outras duas vezes, sopa de lentilha, mais duas vezes sopa de macarrão – sempre em conservas aquecidas. Duas vezes ovos mexidos, também salgados demais. Um dos vigias teve vontade de ovos no café da manhã e quis preparar algo saboroso para o seqüestrado. E então recebeu no café da manhã, em três dias diferentes, três ovos. Quentes, frios; sem sal nenhum. Esforçou-se para não tirar conclusões do estado de espírito de toda a equipe. No primeiro dia, deram-lhe espaguete com um molho de atum horrível, tão gorduroso que trouxeram até um copo de vinho para acompanhar. Tirando essa exceção, havia água em garrafas plásticas, mais tarde inclusive leite longa vida. Certa vez, o inglês chegou a se desculpar pela comida: *"The food is not very good, I know, but we eat the same."*[93] Na verdade, estava querendo despertar minha compreensão com o mesmo argumento que oficiais de alto escalão utilizam em longas campanhas: dividindo a canseira da infantaria. Resposta: *"The food is the last I would complain about."*[94] Aliás, aproveitou a desculpa do inglês ao acrescentar: *"Some fruits would be nice."*[95]

A partir de então, recebia de vez em quando uma maçã, uma banana. Alguém devia gostar de morangos (ainda não era época) e sempre colocava sobre a mesa o que havia sobrado na pequena taça. Junto com as frutas vinham sucos em garrafas de vidro – isso era decisivo. Pela primeira vez tinha nas mãos outro material que não papel e plástico. Um material ao qual as fantasias de evasão podiam se associar.

---

93. "A comida não é muito boa, eu sei, mas nós comemos o mesmo."
94. "A comida seria a última coisa sobre a qual iria reclamar."
95. "Seria bom se houvesse algumas frutas."

Portanto, no fundo, não podia se queixar. Faziam questão de oferecer-lhe uma boa alimentação. Só quando os pães que ele não comia começaram a se acumular é que passaram a preparar menos a cada refeição. Não sentia fome. No primeiro dia, quase não comeu nada. No outros, comeu pouco. Bebia pouco também – uma vez simplesmente porque não lhe deram nada para beber (ele não estava nem regredindo, nem seu corpo estava preparado para querer sentir algum prazer), outra vez teve um medo permanente de ser abandonado no porão e de morrer de sede, e por isso quis economizar água. Essa falta de ter o que beber fez com que, alguns dias depois, seus rins começassem a doer. A partir de então procurou tomar bastante água regularmente.

Evidentemente, o dia-a-dia no porão também era feito de coisas insignificantes, porém diferentes das do mundo lá fora. Por exemplo, o modo de deitar-se é diferente quando se está acorrentado. Na hora de virar para o outro lado é um problema. A corrente se torce, diminui ou aperta. Certa vez pediu para mudarem e, em vez do pé direito, amarrarem a corrente no seu pé esquerdo. Foi um erro. Com essa mudança, seu raio de ação diminuiu, principalmente quando ia usar o sanitário químico, pois tinha de fazê-lo de costas para a parede, ou melhor, para a porta, já que não podia saber quando um dos seqüestradores iria entrar.

Mesmo batendo antes à porta, não sabia nem se a pessoa, fosse qual fosse sua língua, iria entender pela fresta um eventual "*Just a moment!* Um momento por favor!", a não ser que fosse o inglês. Havia, portanto, o perigo de que confundissem um pedido para esperar com o seu "Pois não! *Yes! Come in!*", e entrassem. Isso seria muito desagradável para ele, com certeza. No entanto, o mais importante era ter a sensação de que os seqüestradores, naquele ínterim, entrariam no porão sem máscaras, e ver um deles sem a máscara – como havia dito o inglês categoricamente – poderia ser fatal. Sendo assim, era preciso usar o sanitário de costas para a porta. E, nessa posição, o pé esquerdo ficava afastado do local na parede, ao lado do colchão, onde a corrente estava presa. Mesmo quando queria alcançar o termostato do aquecimento, o fazia com mais facilidade quando estava acorrentado no pé direito. No dia seguinte, pediu para recolocarem a corrente do modo como estava antes.

Quando alguém está acorrentado, outra coisa que não consegue fazer é despir-se. Na hora de lavar-se, a calça sempre fica enrolada no pé acorrentado. Conseguiu trocar o agasalho duas vezes e, para isso, a corrente foi retirada. Certa vez, trouxeram-lhe à noite um prato de ravióli tão quente que chegou a queimar-se e a sujar a blusa e a calça do agasalho com molho de tomate. O que fazer? Bater à porta? Não sabia se o inglês estava lá, não sabia se outra pessoa iria compreendê-lo. Achou que fossem apenas acorrentá-lo, caso ao menos dois estivessem presentes.

Além disso, teria, como sempre, de deitar-se de barriga para baixo e fazer o que queria evitar de todo jeito: sujar seu colchão e sua roupa de cama com molho. Decidiu então lavar ele mesmo o agasalho, o que não constituía nenhum problema com relação à blusa. Em seguida, colocou-a sobre o aquecedor. Quanto à calça, só conseguiu lavá-la até onde a corrente amarrada ao pé o permitia. No entanto, não podia dependurá-la para secar. Sendo assim, estendeu-a sobre o chão e fez de tudo para não puxá-la para baixo dos lençóis durante a noite. É claro que não secou; por isso, pela manhã, vestiu-a assim mesmo e tentou secar o tecido úmido enfiando-se sob os lençóis.

Aliás, a corrente informava-o sobre a estatura do inglês. Quando recebeu o aspirador de pó, utilizou a tomada na frente da parede em que a corrente estava presa. Não era nada fácil alcançá-la. Precisava esticar-se bastante na diagonal, e isso fazia com que a corrente machucasse seu pé. (Não viu que havia outra tomada embaixo da mesa. Só usava esse canto para armazenar jornais velhos.) À noite, o inglês foi verificar a corrente. Perguntou como o seqüestrado tinha conseguido alcançar a tomada. *"It is not easy. It hurts."*[96] Estranho que ele tenha experimentado e não tenha conseguido alcançar a tomada – mais um ajuste da corrente. O inglês parecia supor que ambos tivessem mais ou menos a mesma estatura, mas na verdade ele era um pouco mais baixo. Sendo assim, o comprimento da corrente foi calculado: o seqüestrado não deveria alcançar a parede à sua frente. Uma vez que havia uma tomada ao seu alcance, como já foi dito, essa atitude só podia significar que queriam mantê-lo longe do aquecedor, provavelmente porque é possível produzir ruídos com ele, que seriam ouvidos na casa inteira (é por isso também que o revestiram com uma chapa de compensado).

Por acaso haveria de vez em quando pessoas na casa que não deveriam tomar conhecimento da presença de alguém no porão? (Como fiquei sabendo mais tarde, a proprietária do imóvel tinha a chave e acesso irrestrito à casa.) Em todo caso, não deu a entender que ele mesmo podia regular a temperatura do ambiente, senão provavelmente sua corrente teria sido encurtada.

Não se sabe direito quanta coisa na verdade depende dessas insignificâncias – na imaginação era uma infinidade, pelo menos a vida. Se o abandonassem, será que ele teria a chance de se fazer entender com o barulho do aquecedor? Provavelmente não, mas não dava para *saber*. Já mencionei o fato de ele ter ficado com os

96. "Não é fácil. Machuca."

olhos fechados ao entrar na casa e ao descer a escada, para não despertar a suspeita de que teria visto algo, ao andar, por distração, com um passo muito firme. A esse mesmo assunto está relacionado o susto que levou ao descobrir na primeira garrafa de suco uma etiqueta do supermercado "Continent". Arrancou-a imediatamente e não ousou jogá-la no lixo. Em vez disso, cortou-a em pedacinhos e jogou no sanitário químico. Tinha realmente medo que aquele papelzinho e o descuido dos seqüestradores, que haviam deixado a etiqueta entrar no porão, pudessem custar-lhe a vida quando percebessem que ele tinha notado. A garrafa seguinte também veio com uma etiqueta. O seqüestrado novamente se livrou dela. Como as outras garrafas também tinham etiquetas, passou a pensar que, pelo visto, os seqüestradores não estavam nem um pouco preocupados se ele soubesse onde costumavam fazer suas compras. Essa intuição pregou-lhe um novo susto.

Existia outro risco nas breves discussões com o inglês, quando iam além de simples perguntas feitas pelo seqüestrado e suas respectivas respostas. Evidentemente, ele queria descobrir algo sobre os seqüestradores, para assim saber um pouco mais sobre sua própria situação e suas chances. E também para ter com quem conversar. Além do mais, queria ser visto pelo inglês como uma pessoa, e não como um objeto de troca. Era a única coisa, pensava, que podia fazer sozinho por sua sobrevivência: preparar o caminho para o improvável, mas possível momento em que o inglês se veria diante da decisão de matá-lo ou não – e talvez não tivesse certeza de como deveria proceder. Queria fazer de tudo por esse momento extremo, a fim de ter a situação a seu favor e, por isso, quis conquistar o sentimento do inglês. Tentou evitar qualquer devoção e agressividade em suas palavras, pois tais atitudes provocam hostilidade. Esforçava-se pela cortesia de aceitar as premissas do criminoso na conversa – *"It's only business"* – como condições que não pudessem ser burladas, sem subordinar-se a elas totalmente: *"It's your business, but it's my life."*[97] Porém, para não deixar surgir nenhuma idéia errada: até que ponto as frases resultantes dessas reflexões eram convincentes, não seria capaz de dizer. Por pelo menos duas vezes quase se emocionou numa conversa com o inglês. A primeira foi quando exigiram que sua mulher fosse a portadora do dinheiro; a outra, após o fracasso de um dos pagamentos.

Seja como for, o risco nessas conversas estava evidentemente no fato de ele induzir o inglês a dar respostas que, em seguida, pudessem parecer traiçoeiras demais para ele. Por isso, deixou de fazer algumas perguntas interessantes naquele momento. Disse uma ou duas vezes: *"I want to ask you something, but please don't give me an answer you would regret afterwards."*[98] O que na verdade quis dizer era: *"answers* I *would regret."*[99]

Várias vezes pensou em pedir para que o inglês soltasse a corrente. Mas não o fez. Um pedido como esse chamaria a atenção para o bom comportamento apresentado até aquele momento (à força, mas, mesmo assim, declarado), e isso não lhe convinha absolutamente. Certa vez, no entanto, quando soltaram a corrente para que ele pudesse trocar o agasalho, perguntou enquanto o acorrentavam novamente: *"Do you think you need the chain anymore?"* Resposta: *"Yes, because there is not always someone upstairs."*[100] Concluiu que talvez pudesse arrombar a porta por dentro.

---

97. "É seu negócio, mas é minha vida."

98. "Queria perguntar uma coisa a você, mas por favor não me dê uma resposta que o faça arrepender-se depois."

99. "Respostas que façam com que *eu* me arrependa."

100. "Acha que ainda precisa da corrente? [...] Sim, pois nem sempre tem alguém lá em cima."

Naturalmente pensou bastante na possibilidade de libertar-se sozinho, mesmo que eles não se ausentassem por muito tempo, pois refletir sobre a porta ou sobre as (supostas duas) janelas também não deixava de ser supérfluo. A questão era se seria capaz de soltar a corrente, ou seja, se conseguiria arrancar a cavilha da parede. A que profundidade estava fixada na parede? Não dava para movê-la, mas o reboco não estava muito firme. Mas qual a espessura da camada do reboco? O que haveria por trás dele? Tijolo? Concreto? Não podia descobrir, pois tanto uma tentativa experimental quanto uma real teriam conseqüências idênticas, caso fossem descobertas.

Tinha medo de que quaisquer vestígios no local da parede onde a corrente estava presa pudessem levar a sanções. Pelo que havia acabado de descobrir, a corrente desempenhava um papel decisivo no sistema de segurança dos seqüestradores.

Mas, nesse caso, como deveria fazer com a parede? Em primeiro lugar, tinha apenas os talheres de plástico. Com eles daria, quando muito, para arranhar um pouco o reboco. Será que dava para quebrar a cadeira de plástico? Provavelmente não. Era dura e, sobretudo, resistente. Certa noite, quando não retiraram seu prato (de plástico resistente) do café da manhã, porque ainda continha o pão que ele não havia comido, Reemtsma escondeu-o. O inglês logo sentiu falta do prato e procurou-o superficialmente, mas depois pareceu não estar mais interessado (logo apareceria novamente). Quando mais tarde, além da água em garrafas de plástico, com as quais não poderia ter feito nada para arrancar a corrente da parede, trouxeram-lhe também suco em garrafas de vidro, guardou uma delas vazia. Deixaram-na ficar ali por um dia, e então, após uma conversa com o inglês, levaram-na embora. Escondeu a garrafa seguinte embaixo de jornais velhos, que não eram retirados. Com o tempo, juntou três garrafas de vidro. Até onde chegaria com isso, obviamente não sabia. Porém, mesmo assim teria de tentar. Em caso de fracasso, guardaria um caco de vidro apropriado para se matar. A banheira com água, onde poderia colocar o braço cortado, mostrar-se-ia útil para acelerar o sangramento. Por outro lado, a água potável poderia servir para que ele resistisse por um tempo um pouco maior.

Quando ouviu mais tarde, pelo noticiário, que um dos seqüestradores, ao ser preso, tentara cortar os pulsos, sentiu-se realizado.

"Não conheço nenhuma palavra na língua alemã com a qual se possa descrever o próprio sentimento após um seqüestro. Sentimentos da solidão mórbida precisam ser atenuados. Sente-se vergonha da dimensão do ódio em toda civilidade adquirida", era o que estava escrito numa carta que recebi depois do seqüestro. Seu autor não é alguém que teria formulado algo semelhante sem pensar. A pessoa que nesse trecho fala de sua vergonha pelo ódio que sentiu passou por situações muito piores do que as minhas, e por isso não posso fazer da sua a minha visão do mundo, nem mesmo adotar sua posição como modelo para mim. Estimo-a, admiro a força que foi necessária para alcançá-la – provavelmente eu não conseguiria atingir essa força se quisesse tê-la. Porém, de todo jeito, envergonhei-me apenas naquelas muitas horas nas quais não senti ódio, pois não tinha forças suficientes para odiar. Lembro-me muito bem da repugnância que sentiu de si mesmo naquela ocasião, quando ficava feliz ao ouvir a voz do inglês, simplesmente porque era uma voz humana, uma voz e um fragmento do mundo externo no porão, que, por sua vez, estava fora do mundo.

Uma antiga idéia infantil: o que aconteceria se eu pudesse ficar invisível? Ou: o que aconteceria se eu pudesse fazer o tempo parar? Ele gostaria de ter batido a cabeça do inglês contra a parede. E, em seguida, teria enrolado a corrente em volta do seu pescoço.

Não, o inglês poderia respirar, mas a corrente deveria ficar apertada. Pensou também se não deveria amarrá-lo com os pés acorrentados, de tal forma que seu corpo se curvasse para trás – mas mudou de idéia. No entanto, deixá-lo-ia no escuro. Água ao seu alcance, isso sim. E deixaria o tempo passar. Não muito, porém mais do que o necessário para dar o alerta à polícia. Queria provocar, num curto espaço de tempo, o máximo de medo sem, contudo, ultrapassar certos limites e também sem chegar com suas fantasias a um ponto em que o ódio totalmente liberado comandasse. Não se separar totalmente do cavalheirismo. Por acaso estaria seguindo a imagem que havia projetado do inglês para si mesmo? Ou será que o ajuste pessoal de contas simplesmente não era bem aquilo que queria? Se isso não tivesse acontecido com ele, mas com sua mulher ou seu filho, teria feito questão desse ajuste de contas. Se tivesse permitido a si mesmo pensar um pouco mais detalhadamente *no assunto* (proibia-se isso até as últimas conseqüências), teria, por algum momento, se afundado realmente em orgias imaginárias de poder. Como não havia mais meios de reverter a situação, queria principalmente uma coisa: ver os criminosos no tribunal. Não apenas saber que estariam no tribunal, mas *vê-los* lá. Queria finalmente vê-los e delegar a revanche por completo. (Fora do porão, sobretudo depois que fui abundantemente abastecido pela imprensa da fisionomia de alguns dos criminosos, esse desejo ficou adormecido. No fundo, não me interessa mais saber como é a cara dos canalhas. Só quero saber deles na prisão.)

Quando isso acontecesse, perguntou a si mesmo, como falaria no tribunal? O tratamento que lhe fora dado talvez influenciasse na decretação da pena.

Ele, o seqüestrado, que teve sua cabeça socada contra a parede; ele, que fora amarrado e amordaçado, e depois, todo ensangüentado, empurrado para dentro de um carro que o transportara a algum lugar, teria, em compensação, de depor pela humanidade daquele que, ao mesmo tempo, havia comandado o seqüestro. No porão observou que isso não o incomodava nem um pouco. O que passou, passou, e daquela forma como tinha acontecido. Diria a verdade, nada além dela. E o ódio, onde estava? Não me resta muito a fazer além de escrever minuciosamente sobre algo muito mais desagradável de se tratar do que fantasias de ódio (ainda mais se tivessem sido mais brutais que as suas), ou melhor, sobre os sentimentos positivos em relação aos seus seqüestradores.

Chamam esses sentimentos de "síndrome de Estocolmo", por referência a uma tomada de reféns em Estocolmo, durante a qual quase chegou a haver relações de amizade entre os reféns e os seqüestradores. Esse conceito foi separado de sua origem para que um diagnóstico genérico pudesse ser indicado ou, pelo menos, rotulado. Um diagnóstico irritante, freqüentemente desagradável. O relacionamento dos reféns com os seqüestradores, ou seja, com aqueles que os ameaçam com a morte, que os espancaram e os feriram, que são responsáveis pelo medo da morte sofrido pelos reféns, que são responsáveis pelos medos sofridos por todos aqueles a quem a chantagem é endereçada, muitas vezes é bom demais para caber num mundo organizado. Já no seu porão suspeitava de que talvez o maior problema para o que estamos acostumados a chamar de "assimilação" do todo pudesse estar nesse fato, caso escapasse vivo, e eu posso confirmar isso.

Quanto a isso, senti-me obrigado, nas primeiras semanas após sua libertação, a voltar sempre ao porão, gostava de falar no assunto, sempre pensava nele, fazia minhas piadas e, no mínimo, acabava irritando visivelmente minha mulher. Ela não gostava dessas pequenas anedotas sobre o dia-a-dia no cativeiro.

Para quem não esteve envolvido, essas anedotas são como o tempero da história. Anedotas de parte alguma. Admirável detalhe bizarro. E quem as conta pode brilhar dentro delas. A imprensa aceita-as com prazer e as passa adiante. É assim que surge uma imagem falsa do porão e daquele que se encontrava nele, mesmo que de vez em quando eu seja elogiado. Numa carta que recebi depois de sua libertação, estava escrito: "... o senhor enfrenta de forma sarcástica e direta a lesão da sua dignidade, da sua integridade: é isso o que se lê nos jornais, e minha leitura pessoal diz que o senhor, não deu espaço aos seus vigias, nem dentro nem fora do porão". Quem me dera!

Vamos tomar a situação da noite anterior ao último pagamento do resgate. Quanto maior sua permanência no porão, mais espaço o acaso ocupava em suas fantasias e em seus receios. Percebeu que ele, assim como muitos talvez, tinha vivido inconscientemente imaginando que sua vida seguia o roteiro de um filme, em que determinadas ações simplesmente não aconteceriam, pelo menos não a entrada brusca de alguém vindo de fora, nem a redução do valor da mercadoria de troca por dinheiro em espécie. Além disso, estava cada vez mais certo de que se encontrava numa situação em que apenas as intenções tinham um papel decisivo.

Tudo era possível, e isso implica não apenas qualquer ato arbitrário por parte dos seqüestradores, mas também que *tudo era possível* mesmo. Podia ser também que a polícia desse menos valor à vida dele do que à captura dos criminosos. E também que a polícia cometesse erros que pudessem custar-lhe a vida, que investigadores disfarçados de civis fossem perfeitamente reconhecidos pelos seqüestradores como policiais. Podia ser ainda que toda uma patrulha da polícia, uniformizada e desinformada, aparecesse de repente no ato do pagamento do resgate. Ou todos os imprevistos possíveis podiam acontecer, tanto para os portadores do dinheiro como para os seqüestradores. Acidentes de automóvel, por exemplo. *"If we don't come back, no one will release you."*[101]

E, sendo assim, não lhe saía da cabeça a imagem de seus seqüestradores, às três horas da manhã, em algum lugar ao sul de Münster, com trinta milhões no carro, eufóricos, mas, apesar disso, bastante controlados, a caminho de um esconderijo provisório para o dinheiro. Dois segundos de sono ao volante, uma mureta de proteção, o carro capota, um caminhão que vem de encontro, pescoços quebrados, sangue, fogo, cédulas chamuscadas esvoaçando pela estrada. O tempo passa. Talvez alguma notícia seja comunicada por rádio, talvez não. Talvez isso também não tenha importância. Em todo caso, ninguém volta para o cativeiro. É o fim de um momento marcado, que ele não conhece lá embaixo, no porão. A pessoa que está no andar de cima talvez ainda espere mais um pouco, pois um final desses seria inoportuno para ela também, e ela não vai deixar de dar mais uma chance à sorte. Em seguida, prevalecerá nela a sensação de que sua própria vida está em risco e, por isso, irá embora.

O tempo passará, serão nove horas, dez, onze (informaram-lhe que não demoraria mais do que isso), depois doze, treze, catorze horas. Quando decidiria que seria chegado o momento de acontecer o que ele mais temia, dentre tudo aquilo que lhe podia acontecer? Quando o medo da morte lenta no porão seria maior que o medo dos seqüestradores, que ainda poderiam entrar

101. "Se não voltarmos, ninguém vai libertá-lo."

bruscamente e executar as ameaças de tornar "as condições no cativeiro insuportáveis"? Depois de ter certeza de que as tentativas de libertação não teriam o menor sentido, em que momento a esperança de ser encontrado seria consideravelmente menor do que a aversão ao instante em que teria de se ocupar seriamente com a questão do caco de vidro? Partindo desses pensamentos e sensações, ao despedir-se antes do último lance provável desse jogo, conversou com o inglês como se fosse uma mãe preocupada, por um lado porque, como tal, não queria que nada deixasse de ser mencionado, embora soubesse, novamente como uma mãe preocupada, que advertências como essas, na dúvida, não servem para nada. Por outro, porque pensava justamente em ter de exprimir seu medo em palavras, para não sentir-se sufocado por ele; queria dar-lhe forma e sentido, sem deixar que toda sua extensão fosse visível àquele que, para o seqüestrado, tinha sido motivo e razão de todo o seu medo e toda a sua esperança. Brevemente, disse: *"Drive carefully."*[102]

O absurdo dessas duas palavras não lhe passou despercebido. A elas acrescentou outras e, naturalmente, também o intelectual não quis desaparecer nesse turbilhão de medo: *"That's what they call Stockholm syndrome."*[103]

O inglês riu. Profissionais entre si. Na verdade, sentiu-se melhor após essas duas frases, e esse fato merece atenção.

Sempre que conseguia expressar um sentimento (geralmente em forma de algumas frases em seu diário), sentia-se melhor. Por isso, não conseguia dominar o sentimento ou lidar com ele, ou seja qual for o outro termo que também se possa empregar para isso, só não estava

102. "Dirija com cuidado."

103. "Isso é o que chamam de síndrome de Estocolmo."

muito entregue a ele. Ou talvez eu devesse escrever: não estava muito entregue *dentro* dele. A escrita marca um local fora do sentimento, e foi escrevendo que dispôs desse local. Era como um ato de defesa contra a redução do mundo a um sentimento imponente. Algo semelhante acontecia ao conversar, só que, ao contrário da escrita, seus verdadeiros sentimentos não podiam ser assunto de uma conversa. Quando queria falar sobre eles, fazia como se estivesse em outra situação, transportado para um problema. Vestia o seu próprio medo da morte de apelo por compreensão a favor da tática dos que estavam em sua casa: *"Of course they are afraid that you will kill me immediately when you get the money."*[104] É claro que todos temiam isso, sua mulher, seu filho – que mais tarde lhe disse não ter acreditado que o veria novamente ("as pessoas são seqüestradas, paga-se o resgate, e depois, mesmo assim, são assassinadas") –, a polícia. Mas ele também tinha esse medo. A frase: *"We won't hurt you, it's just business"*[105], que ouviu logo no segundo dia do seqüestro, embora o aliviasse, não o deixava nem um pouco seguro, muito menos confiante, de realmente conseguir escapar com vida. Sendo assim, a réplica do inglês ao seu apelo por compreensão aliviou-o uma segunda vez: nunca um refém foi morto depois do pagamento de uma quantia realmente alta, *"the police knows, your lawyer knows, and they will tell your wife"*[106].

E enumerou nomes: Albrecht, Oetker, Snoek. Ficou evidente que o inglês também estava querendo tranqüilizá-lo: *"If they pay, we won't kill you, I promise."*[107]

---

104. "É claro que estão com medo que vocês me matem imediatamente após conseguirem o dinheiro."

105. "Não vamos machucá-lo, trata-se apenas de negócios."

106. "A polícia sabe disso, seu advogado também, e vão contar à sua mulher."

107. "Se pagarem, não vamos matá-lo, prometo."

Não perguntou se iriam matá-lo, caso a próxima ou outra tentativa posterior fracassasse. Não queria ouvir a resposta, já que poderia ser um sim, mesmo no improvável caso de seus seqüestradores desistirem depois. Pois, para escrever outras cartas, podiam dispensar um refém que sentisse que não iria lhe acontecer nada, independentemente do resultado da chantagem. E uma vez, sem que ele lhe perguntasse, o inglês disse: *"We won't give up."*[108]

Eram conversas como essas que traziam alívio. Era o clichê, está certo, como os clichês geralmente estão certos de alguma forma: pelo menos, uma voz humana. Nesses trinta e três dias, conversou, ao todo, talvez durante uma hora com o inglês. As conversas rápidas, aliás discussões, eram oásis no meio da monotonia. Às vezes ficava sabendo de alguma informação de fora. Geralmente algo que teria preferido não tomar conhecimento, mas o pior, por assim dizer, veio logo em seguida. Durante a conversa, o alívio do diálogo é o que dava o tom. Não estou exagerando quando falo de alívio. Ele gostava daquela voz. Achava-a simpática. E era capaz de analisar esse sentimento. Era desagradável para ele, mas não conseguia mantê-lo à distância. Queria ouvir a voz do inglês. Às vezes sentia necessidade de buscar palavras, e isso prolongava a duração das conversas, e assim ele podia preparar algo antes.

Em inglês dá para ser conciso, irônico, sarcástico, sem ser de um cinismo tão imediato como em alemão. Às vezes, tinha a sensação de que apenas o idioma o obrigava a ter pena de si mesmo. Outras vezes, quando não conseguia resistir à tentação (procurava sempre não ceder a ela) de imaginar como seria quando estivesse novamente livre, o que, como e a quem contaria sua história, começava sem querer a falar em inglês.

---

108. "Não vamos desistir."

Até quando vai durar essa situação? Por um bom tempo. Certa vez imaginou que o seqüestrador deveria consolá-lo, tocá-lo, colocar a mão sobre seu ombro. Não é nada fácil para mim escrever isso. Para ele não foi fácil confessar esse desejo, pois esse sentimento não pode simplesmente ser descrito como equivalente da voz humana, que se quer ouvir não importa de quem venha. Só que com aquela voz não era bem assim. Já o desejo do contato físico ultrapassa os limites da submissão. A relação de poder não deixa dúvidas – nada de divisão de poderes, mas um paralelismo de onipotência e impotência, e o mais fraco, o "prepotente", quer a atenção física do mais forte. Quanto a isso, a mão imaginária sobre o ombro também é um caso extremo.

Num aspecto ela se diferencia da discussão: não é passível de ironia. A autocrítica e a distância de si mesmo numa frase como *"That's what they call Stockholm syndrome"* desapareceu na fantasia com a mão. Eis por que essa fantasia marca uma crise psíquica vivida por ele naquele momento, e que não quero comentar.

Se o inglês quisesse, da sua parte, estabelecer alguma proximidade como na frase *"You want to get out of here, and we have no interest to guard you here any longer – we're in the same boat"*[109], o seqüestrado podia então aproveitar inteiramente essa proximidade, que no entanto ficou apenas no campo verbal (mas que lhe deu um sinal de que ele tinha a chance de sobreviver ao pesadelo), para aceitar sua existência, porém, ao mesmo tempo, mantendo uma certa distância ao responder: *"Yes, but you have chosen it."*[110]

"Autonomia" seria uma palavra inadequada para quem está acorrentado, mas ele podia salvar para si mesmo,

---

109. "Você quer sair, e não temos nenhum interesse em mantê-lo aqui por mais tempo – estamos no mesmo barco."

110. "Sim, mas foram vocês que escolheram isso."

por alguns dias, um pouco da idéia da própria autonomia. No entanto, não me deixo enganar: por outro lado, essas discussões tinham um ar de companheirismo, quase de cumplicidade. Como já disse, minha mulher não gostava das histórias sobre o porão. Achava-as anedóticas demais. Na minha opinião, o que ela estava distinguindo era aquele momento de união masculina, ultrapassando também os limites do poder extremo. Uma pequena impressão do mundo, descrita por Sam Peckinpah em *The Wild Bunch* [*O grupo selvagem*].

No porão não chegou a pensar em como a sua mulher teria se comportado no seu lugar. Sempre proibia-se de imaginar que isso poderia ter ocorrido com ela ou com o seu filho em vez de ter acontecido com ele. E assim também evitava imaginar como se comportaria se estivesse do lado de fora. Quando o inglês quis descobrir se do outro lado do telefone estava realmente a mulher do seqüestrado ou a psicóloga da polícia, e quando contou, como já mencionado, que a voz não parecia desanimada, mas admiravelmente agressiva – se aquilo era próprio dela? –, quanto a isso, além de não ter de iludir o inglês em nada, sentiu-se tão feliz como se tivesse conseguido ouvir a voz da sua mulher.

Será que no lugar dela ele teria repreendido o seqüestrador, ou será que teria se expressado num tom frio e objetivo? O discernimento não o teria deixado usar um tom suplicante, uma vez que tal comportamento simplesmente teria soado como falso. Mas não é assim que se pergunta. Para aquele ou aqueles que estão do lado de fora, o seqüestrador é uma ameaça abstrata com poucas características acidentais, bizarras no isolamento, como o sotaque, a escolha das palavras, gestos de brutalidade. Para o seqüestrado, ele é a única realidade efetiva fora da cela – pelo menos, a única com a qual se pode iniciar algo, a única que faz com que (talvez) valha a pena refletir, e que (talvez no entanto) se deixe influenciar. A única pessoa ao alcance.

Esses pensamentos nunca se perdem: essa pessoa dispõe da minha vida. Em dupla relação: ele pode me matar a qualquer momento (e deve-se supor que o fará se, a partir de um cálculo fragmentado que apenas eu posso reconstruir, minha morte lhe parecer vantajosa) e minhas condições de vida dependem unicamente dele – enquanto eu viver. E “condições de vida” é uma expressão que, num contexto como este, deve ser considerada.

Duas semanas e meia após minha libertação, sonhei que estavam atirando em mim. Tentei me salvar com palavras, mas foi inútil, pois eu tinha visto seu rosto. (Não era do inglês o rosto que no sonho lhe quis atribuir, mas de uma outra pessoa. Esse sonho também não foi uma reprise do seqüestro verdadeiro, mas uma repetição de uma situação tantas vezes temida, esperada e antecipada.)

Não sabia quando iria acontecer, sabia apenas que seria em breve. Estava lendo os nomes Damiens e St. Preux num livro chamado *A morte de Danton*. Esse livro cita, portanto, a envergadura da violenta aproximação da morte, anunciada pela tortura infindável de quem foi lentamente martirizado em público, passando pela guilhotina até chegar ao suicídio. Em seguida, levei um tiro por trás da cabeça. Um golpe indolor, uma sensação de que algo é arrancado do crânio, partes do próprio cérebro sobre o livro diante dos olhos; ao mesmo tempo, o pensamento: “Não estou morto, ele atirou mal, tomara que atire novamente, para que tudo termine de uma vez”; um segundo tiro – penso que ainda estou pensando, mas o pensamento torna-se cada vez mais silencioso, menor, desaparece. Escuridão.

No porão, imaginou várias vezes como seria, o que aconteceria, caso o matassem. Acreditou que fosse possível, mas o desejo de que *“If they pay, we won’t kill you, I promise"* pudesse ser real nunca o levou a confiar nessa promessa nem a se sentir totalmente seguro. Só quando o inglês soltou suas mãos na floresta e disse-lhe que naquele momento poderia tirar a venda dos olhos e seguir sempre em frente, repetiu a si mesmo: "Quer dizer que estou mesmo saindo vivo dessa situação." A estatística – tão horrivelmente desmentida nos meses posteriores à sua libertação, mas ainda válida em março/abril de 1996 –, segundo a qual seqüestros como esse acabam sem o assassinato da vítima se o resgate é pago, não podia deixar de chamar a sua atenção para o fato de que ele, até determinado momento, valia vinte milhões de marcos, depois trinta e, após esse momento, era uma testemunha não muito perigosa, mas também não totalmente inofensiva.

E o que aconteceria se outros pagamentos falhassem? Em que ocasião os seqüestradores considerariam arriscado demais fazer uma outra tentativa? Contudo, sabiam muito bem que em toda tentativa deixariam algumas pistas, por mínimas que fossem e que seu risco aumentaria.

Em quanto tempo uma pessoa morre depois de levar um tiro? Ele pensava e desejava que fosse logo, caso decidissem matá-lo. Desejava também que o avisassem um pouco antes. Não muito, pois não queria ficar esperando como se estivesse no corredor da morte (embora às vezes tivesse a sensação de estar aguardando numa verdadeira cela da morte, mas era só a sensação, e não a consciência desse fato), porém isso também não deveria acontecer de um momento para outro. O que não queria era que justamente seu último sentimento em vida fosse um medo repentino ou um espanto. Se tivesse de morrer mesmo, queria vivenciar algo como a dignidade de uma execução. Será que essa é a palavra correta? Devo escrever "ensaiar"? Mas um ensaio praticamente não estava ao seu alcance. Não, antes do tiro ainda tinha algo a dizer. Não, nenhuma reação *kitsch* na última palavra ao interpretar erroneamente as circunstâncias e na ilusão de que o mundo fosse ouvir. Nem para dizer as últimas verdades aos seqüestradores ou para impressioná-los com um comportamento de uma firmeza bastante viril. Nada disso, pois, afinal, seu medo não o tinha deixado tão tolo assim. Como última vontade queria ouvir a própria voz, queria ele mesmo acabar com sua vida. Fraqueza e medo não deveriam ser sua última experiência. Em vez deles, esse pequeno fragmento de soberania e autonomia, que pode ser conservado numa frase final.

Contudo, ser assassinado com um tiro é apenas uma das possibilidades. É estranho como nunca pensou em, por exemplo, ser morto por espancamento. Nesse meio tempo, fica-se sabendo até que ponto pode-se presumir essa possibilidade. Mas a circunstância com a qual ele sempre contava era a de ser simplesmente abandonado no porão. Supunha que suas chances de se libertar ou de ser encontrado a tempo – caso os seqüestradores tivessem a intenção de deixá-lo morrer de sede – eram muito pequenas (na verdade, nulas, pelo que tive de reconhecer mais tarde). Os seqüestradores, personificados na figura do inglês, eram não apenas senhores da vida e da morte, mas também do tipo da morte de seu refém, e essa morte tanto podia se produzir de forma razoavelmente rápida e indolor (o que ele esperava), quanto de forma lenta e cruel. Eram também senhores da vida até então (ou até sua libertação), e esse domínio das condições de vida era também um domínio que admitia qualquer extremo. O tempo podia continuar a passar como até aquele momento. Receberia água e alimento, estipularia ele mesmo se seu porão deveria ter luz ou não, poderia lavar-se, escovar os dentes, pentear-se, usar um banheiro. Poderia ler e escrever, além de receber jornais e, de vez em quando, notícias sobre o andamento das negociações. Mas também podiam apagar a luz, suspender ou minimizar as provisões, amarrá-lo, amordaçá-lo e simplesmente deixá-lo assim durante horas ou dias. Podiam mutilá-lo, como haviam ameaçado. Tinham autoridade para fazer com ele tudo o que lhes passasse pela cabeça. O fato de, até aquele momento, não terem se mostrado como os típicos seqüestradores sádicos, que desfrutam do seu poder absoluto e que, por meio de excessos, querem mostrar a si mesmos e à vítima o quanto seu poder é ilimitado, não quer dizer que não poderiam mudar – por exemplo devido a um aborrecimento cada vez maior.

Além disso: será que todos os integrantes do grupo pensavam da mesma forma? Poderia haver duas facções, e a divisão de poder no grupo poderia mudar se a "linha branda" continuasse fracassando. O que aconteceria então se os seqüestradores se convencessem de que ele estava escrevendo de forma controlada e tranqüila demais? Ou se achassem que sua mulher simplesmente ainda não estava atemorizada o suficiente? E se o nervosismo e a irritação crescentes procurassem uma válvula de escape? E assim por diante. Em relação a ele, os seqüestradores tinham toda autoridade e liberdade. Ele não tinha nada disso, a não ser que se considere o fato de que, a partir de determinado momento, ele pudesse suicidar-se com um pedaço de vidro das garrafas recolhidas. Freqüentemente lembrava-se das frases de Cássio, extraídas de *Júlio César*, sobre a força dos fracos, mas a citação era uma atitude patética no lugar errado, pois a possibilidade do suicídio estava relacionada à sua situação relativamente instável no porão. Se fosse amarrado, a possibilidade de suicídio estaria excluída, e a coleção de garrafas aumentava esse risco. Ele esperava apenas que não revistassem o porão, já que não o tinham feito até aquele momento, e estava certo.

A pessoa que se encontra numa situação em que lhe pode realmente acontecer de tudo, pelo fato de ser mais fraca e de outras pessoas terem total domínio sobre ela, deve agradecer ao destino se não precisar passar pela experiência de saber o que efetivamente significa o poder absoluto. Porém, de todo modo, não deixará de experimentar seu destino, personificado por meio do detentor do poder. A este, bem como ao próprio destino, será grata por tudo aquilo que não lhe aconteceu.

Agradecerá se receber seu relógio de volta e puder dividir o dia em manhã, meio-dia, tarde, final da tarde, noite; compor o decorrer de um dia em vez de deixar-se estancar por um período homogêneo e vazio, mais do que se deixar levar por ele. Agradecerá pela luz, pela água, pelo alimento. Não pôde conter a emoção quando o pedido por leituras foi atendido não apenas com outra entrega de jornais, mas também com os primeiros livros e, em seguida, com uma segunda remessa de livros, menos esperada ainda. Lágrimas de alívio e de gratidão. Antes, tinha proibido a si mesmo a emoção. Nunca deixou de imaginar o momento em que chegaria em casa, e sua mulher e seu filho o abraçariam para depois se soltarem, relaxarem e chorarem. Manifestou essa idéia por causa de uma sacola de plástico com os livros e do sentimento de gratidão para com uma pessoa que não apenas tinha batido nele, tinha-o seqüestrado, acorrentado e encarcerado, mas também aterrorizado sua família, deixado seu filho de treze anos numa situação que o impedia de saber se voltaria a ver seu pai vivo.

E, no entanto, não há nada menos estranho do que essa manifestação. Ele tinha toda razão de agradecer. Não saberia explicar como conseguiria agüentar a escuridão e a falta de leitura por semanas, e até mesmo hoje eu não saberia explicar. Com os livros, ele sabia que tinha uma chance. E mais: com as compras, os criminosos talvez aumentassem, ainda que minimamente, o risco de serem capturados, mas já era alguma coisa. Mesmo assim, não deixavam de trazer-lhe ou comprar-lhe algo. Por quê? Por causa de um sentimento chamado humanidade, que aqui soa de forma tão contraditória?

Eram criminosos frios, mas, além de certo limite, não eram pessoas más, ou pelo menos não queriam dar essa impressão, e essa situação marcou trinta e três dias da sua vida que, se tivesse sido diferente, poderiam ter sido seus últimos dias, ou trinta e três dias que o teriam trazido à vida num estado físico e mental bem pior do que ele se encontrava naquele momento. Tinha motivos para a sua gratidão.

Esse sentimento ia de encontro ao seu ódio e muitas vezes também à sua dignidade. Devia ser mantido e analisado à distância. Era importante reconhecer os motivos para essa gratidão. Reconhecer que esse sentimento não era de modo algum um ato insensato, que estava apenas adaptado à loucura de uma situação, na qual um tinha todo o poder e o outro, nenhum. E, ao mesmo tempo, o que os criminosos haviam feito jamais deveria ser esquecido. Reemtsma não podia permitir-se concordar com a lógica *"we are in the same boat"*, sem acrescentar a retificação *"but you have chosen it"*. E valeu-se de uma desavença: não importa como o relacionamento entre ele e os criminosos (quer dizer: entre ele e o inglês) aparentaria no final, se gostaria de dizer diante do tribunal que para ele tinha sido relativamente suportável e se pessoalmente guardaria pouco rancor por causa do tempo roubado – jamais poderia perdoá-los pelo que haviam feito à sua família. Isso não era nenhum jogo de idéias. Ele só precisava levar suas idéias do porão para casa, e sentiu uma raiva ainda mais impotente.

Só que, evidentemente, trata-se também de um sentimento insensato, adaptado à loucura objetiva de uma situação.

A loucura apodera-se da pessoa que lhe é entregue. É difícil libertar-se novamente dessa loucura, e o tempo me mostrou que esse sentimento de simpatia compreensível e objetivamente sensato não tem nada a ver com o que fizeram comigo. É como uma violação, e a perda da capacidade de poder odiar em causa própria atinge uma deformação psíquica. (Digo: a capacidade. No que diz respeito à vontade individual de superar o ódio, cada um segue os valores que aceita para si mesmo. Decidir-se por renunciar ao ódio pressupõe, porém, também *conseguir* decidir-se por algo diferente.)

Aliás, aquele relacionamento não foi "relativamente suportável". Preciso desmentir a favor dos fatos decididos, o que às vezes se encontra nos seus sentimentos. Só que é imensamente difícil sentir novamente o mesmo medo em algumas situações, quando tudo está supostamente por trás de uma única. Existe aí um muro que separa um desses sentimentos. Não se pode passar por cima dele nem ficar sobre ele, olhando em volta, como se estivesse procurando algo. No entanto, às vezes, por alguns instantes, esse muro pode desaparecer. Esses instantes são necessários quando se quer olhar para as situações de experiências extremas que ficaram para trás, mas o problema é que não se quer fazer isso. Não se quer voltar ao porão.

Deve-se acrescentar outra coisa a isso. É desagradável escrever sobre o próprio medo, quando sua causa, de certo modo, não é convincente. Sendo assim, desaconselharam meu filho de assistir ao vídeo da reconstituição do meu seqüestro – esse vídeo ficou brutal demais.

Não sei até que ponto meu filho tinha se imaginado envolvido na cena diante da nossa casa (a não ser pela sua suposição, lisonjeira para mim, de que o sangue talvez não fosse meu, mas de um dos agressores), porém, comparada à realidade, essa reconstituição do crime não passou de um teatrinho inofensivo. No entanto, em ataques de surpresa como esse, a variante inofensiva já é mais do que o suficiente. Por outro lado, os pontos dramáticos da história são facilmente acessíveis à imaginação e aos medos dos ouvintes e leitores. A normalidade – se é assim que posso chamá-la – do dia-a-dia do seqüestro recusa a empatia.

Duas reações são típicas. A primeira exprime-se em querer saber como será possível agüentar tal período de encarceramento. A outra leva a reconhecer que aquela parte de sangue e fome nada conta, pelo menos não vale muito a pena ser mencionada. Com relação a isso, fez-se bom uso da citação do "seqüestro de luxo", "uma avaliação que Reemtsma evidentemente compartilha", escreveu o jornal *taz* (*Die Tageszeitung*). Mais evidente ainda foi a versão da história que circulou pelos meios de comunicação e que remonta à declaração de um porta-voz da polícia durante uma conferência de imprensa: "Quando o sr. Reemtsma batia à porta, aparecia um dos seus seqüestradores e perguntava o que ele desejava." Quanto a isso, a decepção de que após seu seqüestro não continuaram a maltratá-lo fisicamente e de que estava conseguindo vencer os trinta e três dias sem perder o juízo associava-se à idéia que em geral se tinha do sr. Reemtsma: de que, de todo jeito, pessoas como *ele* só precisavam bater à porta para que alguém aparecesse e perguntasse o que ele desejava.

Se a última reação pode muito bem ser explicada com Pavlov, a questão sobre a capacidade de suportar torna-se mais complicada. Ela provoca, inclusive, outra pergunta em resposta a essa questão: por que acharam que eu suportaria essa situação? Ou: o que entendem por "não suportar"? Onde está a diferença entre suportar e não suportar? Com base em suas experiências, para mim de toda forma soa natural dizer que não foi tão difícil suportar trinta e três dias como aqueles, bem como dizer que ele e eu não os suportamos. Por isso, o fato ou a noção de total ausência de poder carrega consigo algo como a idéia de um momento em que se desiste. Porém, quando alguém desiste, o único fator que o diferencia de quem prossegue é que o detentor do poder se aproveita da situação. No seu modo de exercer o poder também tem de estar previsto o momento em que sua vítima desiste. Certas vezes é o que acontece com a tortura (espantosamente com menos freqüência do que se imagina). No caso da tomada de um refém, esse momento, em regra, não existe. O refém não tem nem a escolha de fugir ou de resistir, nem a de resistir ou de apoiar os objetivos dos seqüestradores. Ele apenas depende de outras pessoas. Sua situação, seu auto-retrato, aquilo que quer dizer sobre si mesmo, como se sente, o que quer, o que mudou dentro dele, se quer gritar de medo ou se cerra os dentes, se perde a cabeça ou, durante o dia, conta passo por passo, até chegar a 18.500, tudo isso não tem a menor importância. Como agüentou? O que não podia ter feito para que o consolassem depois, dizendo que teria agüentado? O que imagina quem diz, convencido de si mesmo: *eu* teria agüentado?

Provavelmente algo está para terminar. Suporta-se uma situação, depois não se suporta mais. E o que vem em seguida? Vem a confissão, quando se trata de uma. Ou um grito, se antes já se tentou sufocá-lo. Mas o que acontece quando não se dá um fim a tal situação? Várias vezes, no porão, teve a sensação de querer desistir. Sentiu como se fosse injusto não ter a chance de fazê-lo e, com isso, de provocar uma reação. Com a possibilidade de desistir, tinha perdido a chance de resistir ativamente. Não estava diante de nenhuma escolha. Não estavam exigindo dele que denunciasse outra pessoa, o que poderia ter recusado. Nem que anulasse sua convicção, e por isso não tinha nenhuma chance de permanecer firme. Não que ele lamentasse isso. Não se iludia muito e nunca se considerou uma pessoa especialmente corajosa; considerava-se antes alguém que logo desiste quando os instrumentos lhe são mostrados. Mas foi assim mesmo; de um lado tratava-se meramente da sua vida e, do outro, de muito dinheiro. Além disso, ele era um objeto de troca, não tendo nenhuma importância como sujeito. Sendo assim, estava privado de qualquer fonte psíquica, de onde, aliás, se pode adquirir força. Não tinha a menor importância se ele se comportava de forma submissa ou arrogante, se chorava ou não, se se contentava em amanhecer morto ou se considerava essa perspectiva um escândalo. Evidentemente, desempenhava um papel importante para seu auto-retrato; talvez para o relacionamento com seus vigias não fosse totalmente isento de importância, mas mesmo assim ficou acertado que, durante seu seqüestro, simplesmente não se tratasse de perguntas desse gênero.

Além disso, não podia fazer nada por sua libertação. Tudo bem, sem dúvida poderia fazer algo: tentar dominar um dos seus vigias, mas para isso ele precisaria estar louco. Estava acorrentado, seus vigias sabiam bater como verdadeiros profissionais, eventualmente estariam armados e talvez, como na maioria dos casos, serem dois – pelo menos sempre que sua corrente era solta. Só podia aguardar e esperar que sua mulher, os ajudantes dela e a polícia lá fora tomassem a atitude correta. Podia apenas aguardar até que outras pessoas quisessem tirá-lo de lá. A única coisa que em algum momento podia fazer era escolher novos portadores do dinheiro para o resgate, e isso significava expor essas pessoas a um risco do qual ele mesmo só podia ter uma idéia limitada. Só podia aguardar e esperar que outros talvez arriscassem a própria vida por ele. Sua imensa gratidão vem sempre acompanhada dos sentimentos de vergonha e culpa.

Talvez a superioridade sempre venha acompanhada da vergonha. Minha mulher contou-me que sentiu vergonha ao ver a granada sobre a carta de chantagem, ao "declarar" meu seqüestro aos outros. A superioridade diminui, reduz uma pessoa, entrega-a, mesmo depois é sempre uma violação e uma vergonha, enquanto para os que estão de fora aparentemente não há nada de desagradável nela. A isso acrescenta-se o fato de sempre se achar pelo menos cúmplice nessa situação. Algo no sentido de que esse seqüestro poderia ter sido evitado por meio de providências adequadas, ou melhor, que a falta de perspectiva do seu projeto poderia ter demonstrado adequadamente àqueles que o planejaram que eu também, por um descuido, seria responsável pelas dificuldades em que o crime colocou outras pessoas e, principalmente, pela preocupação e pelo sofrimento causados à minha família.

Porém, esse pensamento, sendo correto, não deve ser sustentado. A culpa por um crime é daquele que o comete, e não da vítima. O fato de o sentimento de culpa impor-se de forma tão tenaz ao lado do de vergonha reside na dificuldade mencionada anteriormente, de saber lidar psiquicamente com a irrupção da arbitrariedade. A idéia inquietante do mal não é aquela do demônio cruel, mas a do deus que brinca como uma criança. É mais simples aceitar um destino ruim do que o mero acaso. É por isso que se ouvem pessoas, que tiveram uma reviravolta ruim na vida, queixando-se várias vezes que não mereciam esse destino e perguntando o que teriam feito para que isso lhes acontecesse. Geralmente é mais fácil aceitar uma injustiça do que um mundo nem um pouco organizado de acordo com critérios de justiça e injustiça ou, pelo menos, do que é certo e errado. Sendo assim, o sentimento de vergonha, provocado pela superioridade, freqüentemente é acompanhado pelo de culpa, pois com ele pode-se impedir o acesso ao total discernimento na arbitrariedade do acontecimento.

Em confronto com a arbitrariedade de uma forma tão extrema como essa é que a pessoa reconhece também o quanto talvez, até então, pensasse comandar a própria vida. O fato de, no momento do ataque, bem como no da viagem ao cativeiro e nos primeiros dias ter sempre precisado dizer a si mesmo que aquela era realmente a realidade também dependia do fato de que ele precisou impor a percepção da realidade a um sentimento estranho de inadequação.

Com muito esforço, precisava convencer-se de que sua vida, de um minuto para o outro, poderia acabar, pois, como a maioria das pessoas, também tendia a considerar o presente sempre a partir de uma posterioridade antecipada, e precisava dizer a si mesmo que talvez essa posterioridade não viesse a existir.

Desse modo, o medo também tem de ser *aprendido*, ou seja, não apenas *vivido* como estado de espírito destrutivo, mas como a realidade conforme o sentimento. Porém, não podia manter o medo à distância por esse meio. Sempre que conversava com minha mulher sobre aqueles nossos trinta e três dias, mas especialmente quando lia suas anotações, entendia em que ponto do núcleo estava a diferença entre os nossos estados de espírito. *Não* é aquela espécie de diferença evidente, em que um é mantido em cativeiro e vê sua vida ameaçada, enquanto o outro pode agir – e deve, pois a vida do refém depende dele. Quanto mais diferentes são essas funções, mais parecidos, porém, foram os sentimentos na maioria das vezes. Mas mesmo se tivessem sido totalmente diferentes: os sentimentos de medo, desamparo, esperança, expectativa e assim por diante, fora do porão, estavam associados a determinadas relações sociais e situações comunicativas. A discussão da situação provoca medo ou esperança, a expressão facial do filho, que com seus treze anos procura não deixar transparecer seu medo, a reflexão sobre o fato de ter sido certo ou errado fazer isso e se será certo ou errado fazer aquilo, a solidão; por fim, a sensação de ter de se virar sozinho – é justamente isso que consegue tornar a diferença bastante explícita.

A solidão fora do porão era a ausência de outras pessoas, a solidão do porão não tinha nada a ver com isso. Minha mulher podia sentir a minha falta – no local onde se encontrava. O sentimento dele já não podia ser recíproco. Fora do porão, existia uma estrutura social e comunicativa que tinha de suportar o transtorno e a destruição e adaptar-se à situação do momento. No porão, essa estrutura tinha se afastado de todas as relações sociais e comunicativas – a não ser pelas rápidas conversas descritas e pelo fato de que nele foi obrigado a ocupar psiquicamente o confronto entre o poder e a fraqueza absolutos. Seus sentimentos eram totalmente "seus", aparentemente dependiam apenas dele e, em sua essência, só eram determináveis pela imaginação. Sentimentos como aqueles vivenciados no porão não resultam de relações em que alguém como minha mulher ajuda outra pessoa ou me ajuda, mesmo estando ausente, mas são presentes, irrompem da mesma forma que ISSO irrompeu e precisam ser definidos mentalmente. Assim como ele estava "fora do mundo", seus sentimentos não eram do mundo, mas do porão, e só eram realmente compreensíveis para ele por meio de comparações, às vezes de simulações. Por isso, o maior medo para ele era sempre o prolongamento daquela situação, e não – o que talvez tenha surpreendido muitos que estiveram no porão – o medo da mutilação, muito menos o da morte.

Quatro semanas e meia de medo da morte. Isso é o que parece mais fácil de transmitir, pois quase todo mundo tem medo da morte.

E medo de morrer também, como já foi descrito. Porém, isso não era o pior. Quando escrevia que o mais seguro seria obedecer às exigências dos seqüestradores, não sabia se tinha razão e estava consciente dessa situação. Mas queria que tudo terminasse logo de uma vez. Era um jogo de loteria, e queria apostar nessa chance sem incertezas. Se ela fosse o bilhete premiado, ótimo; se não, paciência. Não foram poucas as horas em que lhe pareceu mais suportável a idéia de ser morto com um tiro do que de ter de esperar semanas e mais semanas. Não teria sido assim se o tivessem colocado diante da alternativa de *escolher* entre a morte e, digamos, mais alguns meses ou anos. Poderia então ter decidido (e saberia quanto tempo aquela situação duraria e aguardaria pelo final). Poderia ter resolvido suportar, se não por ele, pelo menos por sua família. No entanto, sua situação no porão não era bem assim. Talvez eu não consiga convencer uma pessoa que não tenha passado por algo semelhante de que realmente o pior de tudo é o absoluto desamparo e o abandono. Com isso, nega-se uma parte do ser, que permanece na morte porque pode ser imaginada diante da morte, muito além do ato de morrer. Quem prepara seu testamento dispõe de muito mais do que da morte. Pelo menos em sua fantasia antecipada, permanece "vivo" além dela. Quem não tem nenhum poder não está mais "vivo" com o corpo. Além disso – e o jogo continua assim –, ele nem sabia onde estava. Simplesmente estava fora, mesmo para aqueles que pensavam nele do lado de fora. Onde deveriam imaginar que estaria? Em que condições?

E imaginava suas fantasias – e as proibia a si mesmo. Essa sensação de não estar mais vivo, de estar reduzido a um objeto, não chega a ser uma injúria, por exemplo. Conseguir lidar com essa injúria já seria alguma coisa, assim como com a corrente, com a qual se aprende a conviver. "Como um animal", mantiveram-no em cativeiro, escreveu um jornal. Certamente, porém, uma injúria é algo contra o qual a subjetividade se indigna, contra o qual alguém se revolta ou pode proclamar suas fantasias de vingança. Justamente as capacidades necessárias para perceber uma injúria, por exemplo, são prejudicadas numa situação como aquela em que ele se encontrava, e por isso termina aqui a comunicabilidade. Sei que quem passou por isso vai me compreender. Todos os demais também precisam compreender. Há sentimentos – e estes têm tanto uma representação psíquica direta quanto física – que não podem ser descritos com base na comparação com o que o dia-a-dia carrega de desagradável. Não é algo que aconteceu "desse ou daquele jeito, só que pior". É totalmente *diferente.*

No porão, aliás, o conceito de individualismo – para mim há muito tempo questionável teoricamente, porém sem deixar de ser historicamente interessante –, como idéia de um ser em que qualquer coisa garanta continuidade e estabilidade em todas as situações de mudança da vida, tornou-se totalmente obsoleto. Recebi uma carta cordial que tematiza essa idéia: nessas circunstâncias, o fato de "continuar a ser um indivíduo" é particularmente louvável. Se rejeito essas amistosas linhas não é por nenhuma modéstia, apenas resultado da introspecção feita no cativeiro.

Num dos livros que os seqüestradores lhe trouxeram, deparou-se com a frase de Santo Agostinho: *"Noli foras ire, in te ipsum redi; in interiore homine habitat veritas; et si tuam naturam mutabilem inveneris, transcende et te ipsum"* (Não saias, entra em ti mesmo; no interior do indivíduo mora a verdade; e se em tua natureza reconheceste a tua inconstância, transcenda também a ti mesmo). Há frases que são lidas por tanto tempo, até um dia serem realmente lidas no lugar errado. No entanto, essa frase também é interessante porque contém as duas coisas: o equívoco normal e sua irritação devido à introspecção. O equívoco consiste em aceitar na alma do indivíduo algo como um núcleo, chamado "Eu". Deparamo-nos com ele apenas quando fazemos um exame de consciência suficientemente conseqüente, e esse "Eu", que durante toda a vida permanece o mesmo, é também conseqüente. Nunca se banha com a mesma água do rio, mas aquele que entra nele deve permanecer o mesmo. E por que permanece o mesmo? Porque existe esse Eu. Em situações extremas, esse Eu é posto à prova. Se o corpo e a mente são maltratados, o Eu também sofre ferimentos, mas no final resiste, e todos podem dizer: apesar de tudo, ele continua o mesmo! À idéia de tal Eu talvez também esteja associada a de "suportar". Suportou-se "uma situação", não importa qual, uma vez que o núcleo da pessoa permaneceu ileso. Deixa-se o porão como o David Niven deixa a jaula japonesa como oficial inglês: sendo o mesmo que era antes. Aplauso.

A filosofia ocidental – por razões históricas que não precisam ser discutidas neste livro – é incomodada por esse problema. O núcleo interno é sempre motivo de interesse. Ao encontrá-lo, de certa forma, consigo sair dele para o mundo, que pode ter a insegurança que quiser, mesmo que em parte seja ilusão, mas nesse mundo deve haver algo permanente e confiável: o meu Eu.

A introspecção de Santo Agostinho não encontra nada que sirva para isso. Nela tudo é muito difuso, mutável e exposto demais às impressões externas para servir ao ponto de apoio de Arquimedes. O interessante é que esse resultado (ou esse fracasso da tentativa de encontrar algo) não tem como conseqüência nenhuma inquietação, mas para Santo Agostinho mostra apenas o quanto as pessoas precisam de Deus, uma vez que dentro delas não há estabilidade nem segurança suficientes.

Para ele, o ponto de Arquimedes precisa estar fora do mundo, mas é claro que isso é uma *façon de parler* cristã. Pensava-se na comunidade que Santo Agostinho, com sua fantasia de "cidade de Deus", quis transformar numa espécie de fortaleza como Roma nunca foi e a "República" de Platão jamais poderia ter sido.

Descartes repete a pergunta de Santo Agostinho e responde-a de maneira diferente: o Eu é para ele o ponto de partida de tudo o que vem depois. Com isso, fundamenta a *mainstream* da nova filosofia européia, e seus respectivos dissidentes, tanto anteriores quanto posteriores a ele – por exemplo Montaigne ou David Hume –, ficam à margem. Quando a isso contraponho os sentimentos no porão, sem traçar a possível curva filosófica, tenho de confessar que a busca cartesiana não teve um bom resultado. (Ironicamente, o 400º aniversário de Descartes aconteceu quando estava no porão, e ele teve a oportunidade de ler alguns folhetins bem ruins a respeito.) Quando não se distraía lendo ou escrevendo, ficava exposto aos seus sentimentos, e nem posso usar uma das imagens que convencionalmente se escolhem para situações como essas, como um navio no meio da tempestade.

Ele *era* seus sentimentos, e nada poderia tê-los dominado – não porque fossem fortes demais, mas porque simplesmente não havia nada para dominá-los. O sentimento que precisa existir para que alguém possa usar despreocupadamente a primeira pessoa do singular – não importa sua denominação: individualidade ou identidade consigo mesmo ou autenticidade – necessita de uma relação complexa com o mundo externo, com o mundo do objeto, bem como com o mundo do indivíduo. É necessário que existam relações sociais, comunicação, um mínimo de poder para dispor das coisas. Também por esse motivo, a comunicação com aquele que representa o poder recebe seu potencial particularmente humilhante para os que não têm poder nenhum. Também por essa razão, tornam-se bastante importantes os rituais de manutenção de reservas e a perícia no que diz respeito à corrente, que mais tarde permite desenvolver algo como um ridículo orgulho de veterano. E também por isso a conquista da possibilidade de cometer suicídio é um verdadeiro triunfo. Trata-se de mecanismos de uma estrutura da personalidade que cresceu no costume europeu para ser compreendida como indivíduo, para dirigir-se ao "eu", e que acaba em dificuldade existencial, quando é afastada dos espaços sociais necessários para isso.

Um processo interno necessita de critérios externos – essa frase de Wittgenstein, relativa à possibilidade de compreender os sentimentos de outras pessoas, também vale para um único indivíduo. Esses critérios externos evidentemente podem ser imaginados num deus agostiniano (ou em qualquer outro), podem ser uma posteridade imaginada. É possível iludir-se com êxito.

No porão, só conseguia fazer isso de forma limitada. Também não conseguia construir algo como uma "identidade do cárcere" a partir da sua situação junto à corrente, muito menos imaginar-se como mártir. Estava no porão por causa do próprio dinheiro, e o dinheiro sozinho não serve para a formação da identidade nem para os sentimentos patéticos, necessários para convocar psiquicamente algo contra uma situação humilhante e potencialmente homicida. Na verdade, teria sido diferente se o motivo do seu seqüestro fosse político, que tivesse a ver com ele próprio como pessoa política. Novamente: com certeza teria sido mais perigoso, mais brutal, mais doloroso, porém diferente. Usando a terminologia de Sartre: estaria no porão não devido à sua imanência, mas à sua transcendência. Desse modo, o porão reduzia-o mais uma vez, aliás, de forma bem semelhante à reportagem que saiu mais tarde e que na maioria das vezes conhecia apenas o atributo "herdeiro do cigarro", insuficiente para descrever tudo o que ele havia feito na vida. No entanto, esse atributo foi parar na imprensa, pois ele não fora seqüestrado por causa de alguns livros que escrevera, mas por causa da extraordinária quantia que também rondou as notícias sobre ele como autor ou suposto mecenas que se interessa por tudo: trezentos milhões.

Teria sido diferente se tivesse podido fazer algo apenas para si mesmo, para sua sobrevivência. Não pôde fazer nada, mas, quando soube da granada, teve a sensação grandiosa de uma obrigação – não deixar seu filho órfão. "Você pode porque deve", diz Kant, e assim, em determinado momento, Reemtsma desenvolveu o plano, que sabia ser irreal, de oferecer-se aos seqüestradores como portador do dinheiro. Uma idéia bastante desesperada, que tinha pouquíssimas chances de entusiasmar os seqüestradores.

Porém, sentia que não tinha o direito de desistir de um plano, fosse qual fosse, caso ainda pudesse existir algum, só porque não havia a menor possibilidade de ser bem sucedida. Não obstante, essas idéias já se passavam na ilusão e pouco tinham a ver com aquele núcleo supostamente inquebrável da personalidade, que vencia e ajudava a vencer qualquer ataque externo. Ao contrário: ao desenvolver esse plano, não tinha mais certeza se realmente pensava como um ser humano, se alguém de fora não iria atestar que tinha ficado louco há muito tempo. Isso o preocupava um pouco, mas essa preocupação era ínfima em relação ao que se passava dentro dele. Talvez eu concorde em ficar louco, pensou. E daí? Isso contaria se estivesse novamente do lado de fora, e o fato de que ele jamais deixaria o porão era mesmo muito incerto. A idéia do núcleo da pessoa não tinha nada a ver com o que ele sentia. Era muito mais justa a idéia de um quarto vazio, por onde passavam os sentimentos. Eles vieram, ficaram, partiram, foram substituídos por outros. Não havia lugar de resistência a partir do qual algo pudesse ser preservado ou permanecer intacto.

Pensando assim, essa situação era diferente. Podia pensar de forma sistemática, não constantemente, mas na maioria das vezes (mesmo se nem sempre estivesse certo de que conseguiria). Podia, sobretudo, evitar certos pensamentos e idéias. Não conseguia parar de pensar, por exemplo, na idéia da morte de sua mulher por causa da granada colocada diante da sua casa.

Principalmente não se imaginava voltando para casa. Quando muito, ia até o limite: via-se chegando em casa, tocando a campainha. Sua mulher abriria, seu filho chamaria – e então precisava interromper esse pensamento. Achava que imaginar-se nessa situação seria como precipitar-se num abismo de dor e miséria do qual talvez não saísse mais. Adiava bastante o sono a fim de ficar cansado o suficiente para não ser exposto às evasões de idéias ao adormecer lentamente. Além disso, ocupava-se com determinadas cenas, que deviam ser representadas com exatidão. Por exemplo, percorrer, passo por passo, um caminho conhecido na idéia – como se fosse em tempo real. Visto que, em regra, anda-se rápido demais (na verdade não é nem andar, mas sobrevoar vagarosamente o trecho desse caminho), tinha sempre de partir do princípio. Ou então fazia passeios com certos conhecidos, preparava palestras para estudantes, nas quais sempre discutia temas já abordados. Quando tudo corria bem, o sono entrava nesses pensamentos e os interrompia.

Um bom remédio para se distrair são, evidentemente, as fantasias eróticas, mas tenho de admitir que, no porão, esse tipo de fantasia estava à sua disposição apenas de forma limitada. Por um lado, impôs muitas barreiras ao seu passatempo de idéias; por outro, simplesmente quase nunca teve vontade de mergulhar numa aventura desse tipo. Mesmo os seus sonhos pouco se interessavam por esse lado das ilusões da vida. Talvez nisso também se torne mais clara a diferença entre porão e prisão. Não era que *lhe* faltasse algo. *Ele* é que não estava lá.

Quanto ao seu corpo, não passava de um instrumento que ele precisava manter em ordem caso fosse libertado, e seu corpo se vingava, deixando de se manifestar (a menos que ele mesmo cometesse erros como a caminhada maníaca – e exceto pelas dores de cabeça). O dualismo – "ele" de um lado e "seu corpo" de outro – também existiu por culpa do porão e persistiu muito além dele. Ainda poucas semanas após sua libertação, tive várias vezes a sensação de voltar a me perder de repente, de perder o contato com o mundo à minha volta. E às vezes essa sensação era puramente física, referindo-se apenas à superfície do corpo. Achava que teria de perder o juízo se seu/meu corpo não fosse tocado, abraçado, segurado, como se fosse necessária uma força externa para evitar que eu me perdesse, e essa força eu precisava sentir no meu corpo e sobre ele. Em todo caso, aqui também vale a receita: um processo interno necessita de critérios externos.

Um Eu interno é, portanto, encontrado mais facilmente nessas realizações de divisão: o "Eu" e o "corpo", idéias para passar o tempo e limites que estabelecem instâncias. Mas não está simplesmente "ali", e não é encontrado quando o procuramos. Esse Eu é mesmo um projeto. A sensação de possuir um "Eu" não é o requisito, mas o resultado de suas realizações. Na primeira noite, teve uma experiência notável. Com esforço, pois estava sem óculos, leu a informação dos seqüestradores e respondeu por escrito às perguntas sobre o endereço e o número de telefone da sua mulher e da empresa administradora de seus bens. Não respondeu à pergunta sobre o "porteiro", visto que não havia nenhum.

Tentou dormir. Então ocorreu-lhe que talvez fosse bom acrescentar mais uma explicação. Pelo visto, haviam-no espiado e identificado erroneamente uma pessoa como porteiro. Sendo assim, escreveu que havia um jardineiro, aposentado há meio ano, e um jovem sucessor dele. Em ambos os casos, não faria sentido dirigir-se a essas pessoas, pois informariam imediatamente sua mulher e seu escritório, a quem pediriam instruções. Ao escrever essas poucas frases, o choque, o medo e o desespero passaram para segundo plano. Ficou quase eufórico. Parecia estar sob o efeito repentino de um medicamento e, no entanto, esse estado decorria apenas do fato de ele ter escrito algumas frases. Frases que não lhe tinham sido prescritas. Havia acrescentado algo à situação. Prolongou-a, realizou-a. Tomou a decisão de dar uma informação que pudesse impedir os seqüestradores de tomar atitudes erradas e demoradas. Parecia tão pouco, porém foi com isso que saiu da passividade e do domínio absolutos. A circunstância responsável pela súbita mudança de disposição não era por ele ter feito algo realmente significativo, mas apenas por ter feito algo. A saída da imanência. Não encontrara seu Eu, mas recuperara a sensação de ser um Eu.

Escrevia todos os dias. Não muito, mas regularmente. Não eram comunicações aos outros, mas um diário em que registrava os pensamentos e sentimentos que passavam por sua cabeça.

Com esse diário não podia intervir em nada nem mudar sua situação (mesmo na fantasia), mas podia hipostasiar-se. "Já são 20h, ninguém apareceu ainda, e eu também não estou ouvindo nada. Medo novamente. Este poderia ser o momento em que serei largado aqui. Quanto tempo devo esperar para bater à porta? Quando ter certeza de que não virão? 20h30: medo cada vez mais forte, pior do que ontem." Eram frases desse tipo que ilustravam o diário, sem muitas reflexões, e, quando ocorriam, eram apenas por meio de rápidas palavras-chave, como: "Seq. irritado: a polícia estava em toda parte. E se o seq. estiver vendo fantasmas? Existe alguma possibilidade de imaginar uma situação que esteja protegida contra ilusões como essa? Provavelmente não. Não se pode continuar a pensar nisso! Mesmo assim, ainda vai causar pânico *sub linea*." Além disso, os registros: "9h, café da manhã (cretino). Banho. Dormir até 11h30. Mais uma vez, sem jornais (Seq. não estão? Bom sinal. Será que estão preparando algo de novo?). 40 flexões contra a parede. Haverá alguma novidade? Acho que não. É melhor não contar com isso." O fato de escrever sobre a presença do medo não fazia com que este diminuísse. Escrever também não o convencia da existência de um "núcleo", que permaneceu intocado pelo medo, uma vez que esse núcleo não chegou a existir. Nada permaneceu intacto, ele era o domicílio do medo. Porém o pedaço de papel era um local que documentava a possibilidade de ele sair de si mesmo. Se preferirem, o pedaço de papel era o local do seu Eu. Realizava literalmente uma transcendência.

Não conseguia escrever a expressão "em casa". Escreveu uma vez, e as conseqüências foram terríveis: não conseguia mais manter o que precisava longe do pensamento.

Sendo assim, abreviava: "e. c.". Às vezes, a distância fracassava; em pouco tempo, a escrita se tornava *écriture automatique*. Uma vez escreveu em letras maiúsculas o nome do seu filho e o da sua mulher.

Eram pouco mais de quarenta páginas de um monólogo interno renunciado, com pouco espaço para receber as palavras. (Aqui também o resultado foi um problema de racionamento e de precaução. Tinha sempre de pedir papel e, em seguida, uma caneta nova, cuja carga acabava rapidamente.) Bem que eu gostaria de ter suas anotações aqui comigo, ainda que suas leituras sem dúvida fossem para mim uma questão arriscada. Com esses sedimentos dos seus sentimentos, eu poderia vencer o espaço que me separa deles e que só deixa de fazê-lo quando seus sentimentos tomam repentinamente o meu lugar e me põem de novo para fora do mundo. Ele sabia que não poderia ficar com as folhas, embora às vezes tivesse a esperança de que acabariam deixando. Era bastante inteligente para não tentar escondê-las, ainda que o desejo de levá-las consigo tenha sido muito forte no último dia, pois o inglês o revistou antes de conduzi-lo para fora do porão. A ajuda que a escrita tinha sido para ele provocava a dor de ter de deixar seu resultado para trás. Ele perdeu no porão uma parte da sua personalidade.

Tentou também escrever outra coisa. Uma espécie de conto que já tinha planejado antes. O conto não chegou à parte que não tinha sido planejada, o início de uma análise da obra de Goya, *Prado de San Isidro*. (Quase todos os dias, folheou o livro sobre o Prado, até chegar a essa pintura grande, tão tranqüila quanto refinada – encantos de pura forma em dias de um caos monstruoso dos sentimentos.)

Começou dois ensaios que estava estudando e que teria sido capaz de terminar razoavelmente sem usar a biblioteca, mas logo desistiu. Tudo era tão insignificante. Os temas desses ensaios pertenciam ao mundo, e Reemtsma não estava mais nele. Era mais interessante e consumia mais tempo ficar andando de um lado para o outro do que escrevendo um ensaio sobre o conceito do esclarecimento em Christoph Martin Wieland e sobre uma determinada interpretação de imperativos morais.

Era ridículo. Mas o que isso significa? A redação de ensaios como esses foi uma parte da sua vida (e torcia para que continuasse a ser), e ele passou algumas das suas melhores horas diante da máquina de escrever. Mas não dava mais. As palavras não estavam à sua disposição, os pensamentos não surgiam, embora a impertinência para encontrar as formulações apropriadas fosse despropositada. Bem que gostaria de ter escrito ensaios, mas não conseguiu.

Por outro lado, ajudou-o o fato de saber algo sobre o poder e as suas conseqüências. Ironicamente, essa tinha sido sua área de trabalho no Instituto de Hamburgo para Pesquisa Social. Tinha lido algo sobre o isolamento na prisão, e muito do que leu não o surpreendeu. Embora tivesse luz, esta era sempre a mesma, ou então, a escuridão absoluta, que, a longo prazo, deixa de ser escura. Enxergam-se luzes, contornos coloridos, pequenos raios. A sensibilidade, pouco exigida, ocupa de forma arbitrária o espaço precariamente preenchido com estímulos sensoriais. Às vezes, com a luz acesa, via alguma coisa deslizar pelo canto do olho. Ao apagá-la, ouvia vozes no ruído monótono do circulador de ar, vozes deformadas como se estivessem em câmera lenta.

Ou música. Talvez isso o tivesse preocupado, caso não ficasse sabendo que um fato como esse estava para acontecer.

Ruim era quando seus vigias batiam à porta, anunciando sua chegada. Embora às vezes sentisse falta disso, era sempre um susto para ele. O que ouvia era o sinal do poder, e na fraqueza esse sinal é sempre ruim, mesmo quando se quer ouvi-lo, porque é apenas nele também que a possível salvação é anunciada. Acho que não houve uma noite sequer em que ele não tenha acordado sobressaltado várias vezes por ter ouvido baterem à porta. De vez em quando, achava que aquele ruído existia apenas na sua cabeça, mas nunca tinha certeza, tanto que se preparava conforme a ordem e respondia: "Sim! *Yes! Come in!*" Pensou que nunca mais fosse se ver livre dessa batida à porta, que fosse ouvi-la todas as noites, mesmo depois da sua libertação. Não foi o caso. Nas primeiras semanas após sua libertação não ouvi nada, porém mais tarde o barulho voltava de vez em quando, mais alto do que no porão, sempre como um ritual. Um, dois, três – com todos os seus sintomas: palpitações, contração do corpo, medo. Desde o seqüestro, o som real de alguém batendo à porta é capaz de me deixar bastante assustado. Já um som mais fraco, porém semelhante ao chiado de uma veneziana, tira-me do sono profundo, deixa-me em estado de alerta e gelado de medo.

Isso não é nem estranho nem difícil de explicar. A maioria das pessoas conhece sensações como essas. ("Desde aquele dia, nunca mais consegui comer pudim de morango", pois é.) No entanto, é preciso escrever outra informação, porque faz parte disso tudo e porque é assim que deve ser. Na história do gênio da lâmpada em *As mil e uma noites*, ele, ao ser libertado, diz ao seu amo que nos primeiros mil anos tinha-lhe prometido todas as riquezas do mundo – mas naquele momento queria matá-lo.

Desde que ficou no porão, posso entender o gênio, sem talvez conseguir fazer com que essa situação seja realmente plausível. No fundo, trata-se de que, a partir de um certo momento, a própria libertação não constitui mais motivo de "verdadeira" alegria. A capacidade de se alegrar é prejudicada. Mas esse é apenas um lado da questão. O outro é a pessoa achar que não se adapta mais efetivamente ao mundo em que foi recolocada, e quem deixa alguém sair da lâmpada ou do porão aproxima-se perigosamente de quem o prendeu. Não se quer vingança de modo algum. Apenas não se quer mais toda essa gentalha, não ter de carregar o peso novamente, depois de terem prejudicado tanto a capacidade de quem ia carregá-lo. É, certamente isso soa um pouco melodramático demais. Foram apenas trinta e três dias de desconforto e medo. Não foram anos de isolamento, não foi nenhuma tortura, se comparado ao que acontece diariamente com outras pessoas no mundo. E, no entanto, existia a compreensão por aquele gênio da lâmpada e ainda um pouco mais. Precisei de algum tempo para admitir esse fato, embora fosse impelido a isso. Mais de uma vez teve o desejo irrecusável de se matar, mesmo no caso de o deixarem ir para casa. Decidiu não tomar essa atitude, mas apenas devido ao sentimento de obrigação para com sua família. Sabia de muitos casos de pessoas que sofreram graves ferimentos corporais e psíquicos e que se suicidaram após a primeira recuperação – ou geralmente um ano depois. Naquele momento compreendia muito bem essas pessoas. Para não ter de passar por AQUILO de novo, existe na verdade apenas um meio, a morte rápida – escolhida pela própria vítima.

A morte parece fácil diante de uma vida em que não pode ser excluída a possibilidade de que AQUILO aconteça novamente. Inclusive o medo de que a chamada morte natural (como se ela nunca fosse natural!) pudesse ser mesmo a repetição DAQUILO, de que AQUILO, portanto, fosse novamente inevitável, conduziu rapidamente à conseqüência evidente de provocar por si mesmo esse fim e de permanecer autônomo dentro dele.

No dia 25 de março, foi seqüestrado; no dia 24 de abril, finalmente, o pagamento do resgate foi feito; na noite de 26 de abril, foi libertado. Menos de um mês depois, a polícia achou o porão. Como a imprensa não largou a polícia nem um minuto, esse fato não pôde ser mantido em segredo por muito tempo, embora isso tenha sido útil para as investigações posteriores. Naquele dia, também recebi uma carta: um convite para dar uma palestra por ocasião da entrega do prêmio Egon-Erwin-Kisch, sobre o tema "A reportagem em geral e no seu caso em particular", assinado por um tal de dr. Funk, anunciado pela Editora Gruner & Jahr, que pouco antes havia adquirido, junto com a Editora Springer, a foto que minha mulher proibira para a publicação.

Assisti à conferência da imprensa pela televisão, tentei alegrar-me, até me entusiasmei: anime-se! A polícia achou o porão. Eu consegui identificá-lo sem nenhuma dúvida. O quarto em que ele ficou acorrentado por trinta e três dias não estava mais fora do mundo, mas pertencia a uma casa que podia ser observada e tinha um endereço.

Estavam na captura dos criminosos. Dois deles tinham nome e rosto. E – é um pouco desagradável o que vou confessar – depois do boato da polícia sobre o sr. Reemtsma, que só precisava chamar para que os seqüestradores soubessem das suas vontades, e depois dos artigos publicados, cujos autores não notaram o cinismo presente na expressão "seqüestro de luxo", senti-me recompensado assim que Michael Daleki, após ter ido ele mesmo procurar o porão, reconheceu que fazia uma vaga idéia do que significaria viver acorrentado naquele lugar durante quase cinco semanas. Apesar disso, não fiquei contente.

Havia ainda a carta do dr. Funk. Tinham-na colocado à mostra. Fizeram o que minha mulher queria evitar para me proteger. Antes, para mim, não fazia a menor diferença. Mas deviam mostrar seu rosto inchado e ensangüentado de tanto apanhar. Um documento, nada mais do que isso. Não era mais eu. Porém, percebo de repente o quanto aquela exibição tinha me machucado e me repugnado, agora que será novamente publicada. Antes – depois. E eu mesmo é que ainda deveria comentá-la.

E aconteceu. De um minuto para o outro, ele estava novamente no porão. A sensação estava de novo presente, correspondendo a tudo ou rejeitando tudo. Não havia nada além disso. Como posso descrever essa situação? A mistura de uma paralisação, da extinção de todo o vigor, da perda de todas as emoções, como a crise de uma depressão que se formou durante dias, além da tensão de todos os nervos, de um nervosismo extremo e descontrolado.

Uma reprise da combinação de um desespero inexpressivo e uma expectativa constante e aflita. O medo da morte esteve novamente no porão, totalmente diverso do sentimento então descrito, mas tão associado a ele que até seria possível considerá-lo uma conseqüência do medo, e de vez em quando Reemtsma também fazia isso, embora soubesse de alguma forma e estivesse certo naquele momento de que esses sentimentos não podiam ser reduzidos uns aos outros.

O nervosismo aumentava à medida que a sensação de paralisação ia se tornando mais forte. "Não consigo mais suportar isso!" era o único pensamento que ainda lhe ocorria paralelamente ao sentimento. Em seguida, começou a caminhar. Três passos para um lado, três para o outro. Um, dois, três, quatro, cinco, seis, sete, oito, nove, dez, cem, duzentos, trezentos, quatrocentos – conseguia ter a esperança de que ninguém entraria ali e o veria. Preferia simplesmente desmaiar.

Será que alguém me entende? Sua mulher o entendia. Ouviu o barulho da porta, deixou de andar de um lado para o outro. Não podia explicar nada, esperava que ela percebesse que ele não estava bem. Ela percebeu e o compreendeu. Ele notou isso quando começou a chorar desamparado e ao dizer por fim, igualmente desamparado, o que realmente gostaria de dizer àquele, àqueles e ao mundo inteiro, para que finalmente todos tomassem conhecimento: "Foi tão terrível, tão terrível." Mas não adiantava nada.

Sua mulher sentou-se ao seu lado, com a mão sobre seu ombro. Por que ela não agia mais? Por que não o ajudava mais? Por um momento, sentiu-se como uma criança que não é consolada o bastante: veja só como ela me machucou, e agora quero colo! Sua mulher não podia ajudá-lo. Ela sabia disso porque o compreendia, e ele também a compreendia.

Ela mesma conhecia aquele sentimento. Ambos sabiam que a única coisa que podiam fazer era sentar-se um ao lado do outro, isolados em seu sentimento, mas com uma mão servindo de ponte.

Nada havia acabado. Nada acabaria. De um minuto para o outro, o mundo poderia desabar novamente. Essa é a verdade de trinta e três dias. *"You will enjoy your life ten times as much!"*[111], dissera-lhe o inglês, como se quisesse ser grato por um tratamento contra o mau humor e o aborrecimento. Por essa crueza irrefletida, desejo que ele apodreça na cadeia. O seqüestrador fez isso a três pessoas, e por isso vou odiá-lo enquanto eu tiver sentimentos.

Não é de admirar que a experiência de permanecer trinta e três dias no porão deixe a sensibilidade prejudicada de várias maneiras. O nervosismo marca o dia; má vontade, quase incapacidade, de esperar seja o que for (é preciso fazer um esforço enorme para manter o sangue-frio necessário para o dia-a-dia); ruídos repentinos assustam ou fazem alguém quase perder a cabeça de raiva; reage-se de forma diferente ao que é habitual; não é normal a facilidade com que se sente magoado. O próximo percebe tudo isso como um "estado de nervos abalados". A situação é tolerada, mas não é aceita por

111. "Você vai aproveitar sua vida dez vezes mais!"

muito tempo. A estratégia de adaptação a esse comportamento consiste em demonstrar uma normalidade inabalável. No início, essa normalidade é aceita, e até mesmo reage-se a ela com muita consideração. Mas logo sobrevém o que se ambiciona, a normalidade. E depois? As continuidades habituais aparecem, os extremos se desgastam. Acostuma-se. Mas às vezes, de um momento para o outro, o inverso pode voltar a existir, e deixa-se de pertencer a este mundo. Então, de repente, o porão está presente de novo.

Existem certos impulsos que provocam uma recaída como essa, às vezes causada também pelo acúmulo desses impulsos. Nunca me fez bem ouvir ou ler algo sobre os seqüestradores, muito menos – vide acima – nenhuma "boa notícia". Efeito catastrófico, porém, teve um artigo do *Hamburger Morgenpost*, em que haviam especulado sobre a possível morte do criminoso Thomas Drach. Se ele estiver morto, pensei, os outros vão atribuir-lhe toda a culpa, e o crime jamais será realmente esclarecido – os que deram as dicas, os sentinelas de Hamburgo e assim por diante permanecem sem identificação. Além disso, a foto: Thomas Drach de férias com a namorada. Não sei como devo descrevê-la. Primeiro pelo fato de a simples falta de vontade de olhar a foto ser mais forte do que a curiosidade de saber qual a verdadeira aparência do inglês (embora até então seja uma simples hipótese da polícia o fato de que a identidade de Drach seja a mesma do inglês). Senti-me humilhado. Era desprezível o fato de ele tirar férias naquele momento, de aproveitar sua vida miserável; desprezível o fato de essa pessoa ter circulado nos jornais em pequenas e belas fotografias, uma pessoa que, em virtude da própria arbitrariedade, por algum tempo foi mais importante para mim do que qualquer outra. Desprezível também o fato de um delator ainda ganhar algum dinheiro com as fotos de Drach e de o jornal ganhar muito mais. E foi então que chegou casualmente uma carta, dizendo: "Nosso congresso coletivo para o próximo ano não pode mais esperar." Não pode mais esperar. No porão: "Eu não *posso* mais esperar."

Li a carta apenas superficialmente. Ela agiu de forma subcutânea e sincrônica com a foto do jornal. Sentia-me cada dia pior, sem estar preparado para perceber isso efetivamente. Em certo momento, durante uma conversa ao telefone, de repente precisei esforçar-me bastante para conseguir manter o contato com o interlocutor.

Para me distrair, tentava ler o jornal. Era como no porão. Ele lia palavras, não se interessava por nada. Depois colocava o jornal de lado, começava a chorar. Não era um choro desesperado nem convulsivo. Apenas algumas lágrimas desciam pelo seu rosto. Ficava sentado ali. Não conseguia fazer nada além disso. Nem isso fazia direito. Recordava-se, procurava desviar seus pensamentos. Naquele momento, o terreno da permissão era maior. Queria mandar fazer mais cópias da foto de Drach e, em situações como essa, atirar nelas. Então ocorreu-lhe que isso logo perderia a graça. Imaginou o que faria com Drach se ele lhe caísse nas mãos, e ficou divagando. Voltou à realidade desiludido. E mesmo se amanhã me trouxessem sua cabeça, não ganharia nada com isso. E mesmo se eu pudesse fazer impunemente tudo o que desejava, de nada adiantaria eu contribuir para o extermínio da civilização. Quero que essa pessoa seja julgada. Para mim, não existe nenhuma compensação no ódio. Até essa última simetria o tempo destruiu no porão.

Quando acontece algo ruim com alguém, essa pessoa quer se vingar, e não há nada de desprezível nisso. Às vezes a vingança é saudável, às vezes, não. Do ponto de vista da civilização, a vingança não é permitida, pois, caso a permitissem, geraria uma dinâmica em escalada que eventualmente não poderia mais ser controlada. Crimes devem ser punidos. Em primeiro lugar, por causa da intimidação. Em segundo, para manter a norma de proibição, pois esta deixa de existir a partir do momento que sua transgressão não é sancionada. (Deixo de lado a teoria de ressocialização como fundamento da penalidade – não como base de uma prática de execução penal –, porque é insensata e, no fundo, até bárbara.)

A *teoria* do direito penal não precisa se preocupar com a vítima, embora a penalidade seja muito importante para ela. Não pelo fato de satisfazer a necessidade de vingança, pois na maioria das vezes não satisfaz, mas porque a penalidade demonstra a solidariedade da união social com a vítima. A punição exclui os criminosos e, conseqüentemente, inclui a vítima. Na verdade, a punição para os criminosos não é nada diferente daquilo que muitas cartas cordiais dizem: *"Welcome back."*[112]

Essa saudação é de importância decisiva para a continuação da vida psíquica. Apesar dos episódios que acabei de mencionar, tive uma sorte enorme. Presenciei gestos humanitários, recebi cartas às quais devo mais do que sou capaz de expressar. Mas também constatei (minha mulher e meu filho também) que o sucesso ou o fracasso desses gestos torna-se um critério. Um critério que tenha de ser aprovado num extremo é sempre injusto, mas isso não pode ser mudado. A balança que pesa as palavras também não deixa de ser injusta, pois mede com exatidão. O local e a ocasião adequada não podem ser medidos por toda a parte, mas às vezes não se pode deixar de fazê-lo.

Admito que quase sempre é difícil distinguir o que pode ser considerado como hipersensibilidade provocada pela ocasião e o que talvez seja pura intolerância cor-

112. "Seja bem-vindo."

respondente aos fatos. Nesse contexto, talvez tenha sido também insensato eu circular por um congresso científico já um mês após minha libertação, mas eu queria continuar o mais rápido possível o que me obrigaram a interromper.

O acaso quis que, justamente naquele dia, a busca de Thomas Drach fosse anunciada. Tinha recebido um rosto, um nome. Por último, tinha sido visto em Colônia, onde seu irmão havia sido preso por uma suposta lavagem de dinheiro. O congresso também foi realizado em Colônia. A imprensa já estava no aeroporto. Filmaram-me descendo a escada rolante, entrando num táxi, pela janela do carro: "Por que está aqui, sr. Reemtsma?" Esperavam por mim diante da delegacia, para onde, porém, não fui. Mais tarde, os jornais relataram que fui a uma "reunião particular".

Fiquei satisfeito com o congresso e também com os participantes. De certa forma, a reunião recuperou a ironia da minha situação: meu último texto terminado antes do seu seqüestro tratava do conceito do trauma, o primeiro congresso do qual participei também um mês após sua libertação. Uma segunda intenção consistia na esperança de encontrar, também nesse congresso – realizado pelo International Study Group of Trauma, Violence and Genocide –, um ambiente relativo aos próprios interesses, que me acolhesse quando minha própria reivindicação de prosseguir como se nada tivesse acontecido não pudesse ser totalmente satisfeita.

Fui recebido pelo psicanalista que proferiu a palestra de abertura. No entanto, a recepção foi um pouco formal demais e pareceu um testemunho de desamparo emocional, de um modo que, na verdade, não se espera ver num psicanalista, mas que, pelo menos pelas minhas experiências fora do ramo terapêutico, é mais comum do que em profissionais de outras áreas.

Além disso, era de uma graça macabra. O psicanalista ficou satisfeito sobretudo com a presença de Jan Philipp Reemtsma, com o fato "de que, depois de tudo o que sofreu, não deixou de participar. Pois não podíamos supor que ele estivesse em condições de comparecer; não tínhamos mais colocado seu nome na lista". (Ou: "riscado seu nome da lista".) Foi assim, portanto, o necrológio feito por esse membro do Study Group. Tratava-se da lista de participantes, em que poderiam ter confirmado minha presença, a não ser que provassem o contrário. O uso da mera palavra "lista" fala por si mesmo, em razão de uma ordem do dia que deveria se ocupar de atestados de vida dos sobreviventes do holocausto.

Não quero entrar em detalhes sobre o congresso. Assim como os participantes, ele exigiu demais de mim. Ao fazer uma retrospectiva, vejo que não é possível discutir a comparabilidade de traumatizações de diferentes etiologias, se quem senta à mesa foi libertado há quatro semanas de uma prisão de quatro semanas e meia. Não se consegue iniciar o assunto sem tematizar esse caso, e um congresso desse tipo não pode fazer isso e nem poderia, caso eu estivesse em condições. Eu teria sido discreto o suficiente e não deveria ter aparecido, pois é extremamente difícil justificar como legítima uma expectativa totalmente irreal. O interessante era que eu, sobretudo numa discussão sobre a comparabilidade de traumatizações diversas, relacionava todas as participações a mim mesmo, considerando todas como atos de comunicação, que deveriam justificar principalmente a escusa do "meu" tema. De forma semelhante funciona o egocentrismo do paranóico.

No entanto, às vezes a paranóia não é nada mais do que aquilo que a psicologia define como comportamento de percepção muito bem adaptado.

Há ainda os sonhos. Certa vez sonhei com cenas históricas ou que recordavam algo histórico, e elas apareciam em seqüências, entre as quais eu acordava, mas sempre voltava a adormecer, como se fosse um chumbo sendo puxado para baixo. Nessas cenas geralmente me reencontrava no papel da respectiva vítima, e sempre havia algo como uma ponte metafórica para aquilo que ele tinha vivido. O sonho era bastante significativo em todas as suas imagens. Não havia ilusões como na maioria dos sonhos, eu era sempre a figura com todo o corpo e todos os nervos. Acordava com uma sensação física e de sobressalto, como se tivesse realmente passado por tudo aquilo. Nunca, nem durante a infância, quando tive alguns pesadelos horríveis, que sempre se repetiam, tive sonhos que sequer se aproximassem desse horror.

Poucas semanas depois, caí da cama durante a noite. Esqueci no mesmo instante o sonho que me levou a isso. Sabia apenas que tinha tido um pesadelo, e que tinha sido bastante assustador. Provavelmente me debati e por isso acabei caindo da cama, e talvez, pelo conteúdo do sonho, seja possível concluir o próprio ataque. Voltei a dormir. No dia seguinte, sentia como se tivesse tido uma noite de insônia. Seria até capaz de dormir à mesa, durante o café da manhã. Minha cabeça retumbava, como se tivessem batido nela. O que fazer para que aquele dia terminasse logo?, pensei. Mas logo anoiteceu novamente. Notei que era a mesma sensação que tive no porão. Medo do dia, da noite; apenas as horas roubadas da manhã, ou melhor, gastas com o sono, eram suportáveis.

Sonhos desse tipo se repetem. Às vezes transportam as sensações de medo e abandono para um outro ambiente (campo de concentração, corredor da morte). No dia seguinte, sempre ficava com a sensação de que tinha passado a noite inteira acordado. Algumas vezes, todo o dia seguinte fica à sombra do sonho. Outras, somente o fato de alguém bater à porta – um, dois, três – já me acorda durante a noite, mesmo não estando associado a um sonho. Certa vez, num hotel, de repente fiquei totalmente imobilizado de medo no meu quarto. Não entendi o motivo. Então me ocorreu que eu ouvira passos no corredor: estava esperando que batessem à porta, o que não aconteceu.

E sempre a súbita indiferença em relação a tudo. A palidez de tudo. Assim eram os sentimentos algumas vezes, quando ficava acordado à noite no porão, acendia a luz e olhava em volta de si: então é assim. E talvez eu permaneça eternamente aqui dentro.

Em alguma parte da tradição judaica existe a descrição da situação após o aparecimento do Messias: tudo seria como antes, apenas com uma ínfima modificação. Mesmo antes do meu seqüestro, eu já era da opinião de que as utopias das pessoas são seus próprios medos desfigurados. O sentimento que procurei descrever neste livro praticamente não pode ser expresso de outra maneira: tudo é como foi, só que não entra mais em harmonia comigo. É como se eu usasse óculos que deslocassem tudo meio centímetro para a esquerda ou para a direita. Não consigo alcançar mais nada, o passo não atinge mais o degrau. Ou então é como se a superfície dos objetos fosse ligeiramente disforme, como se eu não encontrasse mais apoio em nenhum lugar sobre o qual quisesse colocar algo. O mundo e eu não combinamos mais.

Isso pode assumir a forma descrita de paralisação psíquica e física, em associação com um nervosismo extremo, que produz até mesmo dores no corpo. Mas pode também assumir a forma de uma completa indiferença. Não se pensou com isso na sensação de que tudo deixaria de ser importante em relação a, digamos, uma experiência tão existencial quanto o confronto com a morte. Isso é conversa. Não se trata do fato de alguma coisa ter perdido a importância, se comparada a qualquer outra. Não se trata de sentimentos que possam ser deduzidos como reflexões. Realmente, tudo tornou-se tão insignificante, inclusive a opinião de que tudo tornou-se insignificante. Esta, aliás, não guarda mais nenhum vestígio do patético, que ainda se conserva na depressão e a cuja etiologia pertence. O depressivo arruína-se por causa do mundo ou dentro dele. Mas se eu e o mundo não nos damos mais, então "tornar-se insignificante" deixa de ser algo que possa receber uma primeira pincelada de um sentimento particular, para ser o simples fato de que tudo o que é importante está no mundo, e justamente eu não estou mais nele.

Portanto, é assim que as coisas são. É assim. O porão permanece na vida e, no entanto, não pode ser construído em uma parte dela. Ele continua sendo a invasão destruidora, a violação, a exterritorialidade, que repentinamente pode voltar a ser presente. De vez em quando, há momentos em que surge uma espécie de nostalgia da situação reduzida. Quando a vida parece muito difícil e, comparada às dificuldades, muito pouco vantajosa, pode ser que surja o desejo de voltar a ter uma corrente amarrada ao pé, de voltar a se encontrar num quarto bem pequeno, que se conhece tão bem como não se conhece o mundo.

De onde vem esse desejo horrível? É muito simples. No porão, os sentimentos de não estar mais no mundo tinham seu lugar garantido. No mundo eles não o têm. Apenas no porão em minha casa tive esses sentimentos.

Impresso nas oficinas da
Gráfica Palas Athena